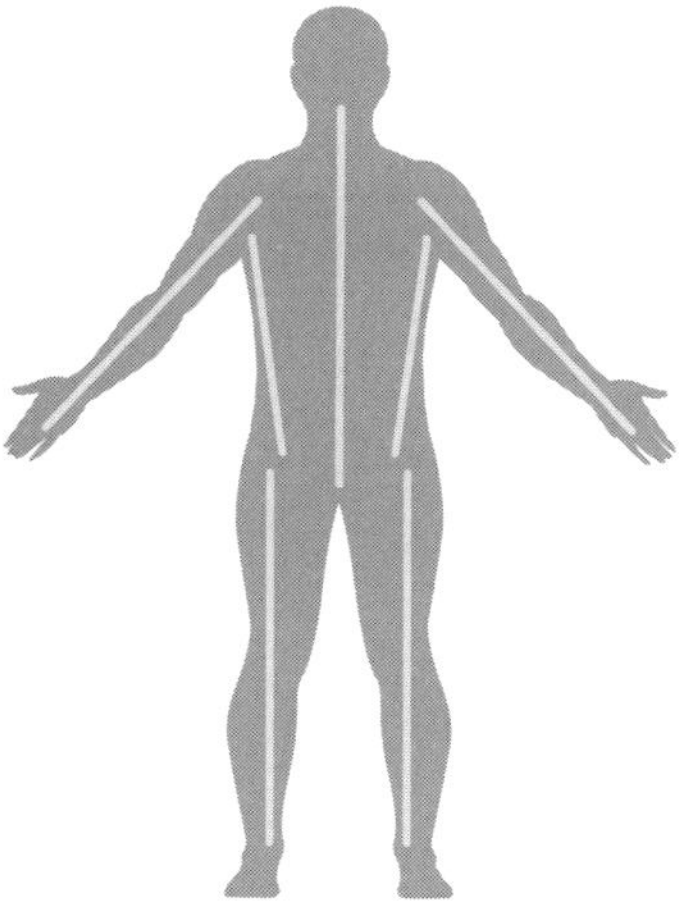

「4つの軸」で強い武術！

合気道で証明！意識するだけで使える技に

日本武道学舎学長
吉田始史

BAB JAPAN

▽はしがき

8年ほど前に「コツでできる合気道」を出版いたしましたところ、思いのほか合気道とは違う、幾つかの分野の方々からも、参考になったとの言葉をいただき、私の本意が伝わったことを有難く思っております。

合気道に限らず、身体を合理的に使うことは、あらゆる分野でも大きな課題となるところです。合理的に身体を使うということは、身体に備わる機能を最大限に引き出すということであり、最も疲れないような身体遣いであると言えます。

最近は「インナーマッスル」や「体幹」という言葉がよく聞かれます。私は二十年ほど前から雑誌や書籍などを通して発表してきた「運動基礎理論」の中で「軸」という言葉を使ってきたのですが、「インナーマッスル」「体幹」はまさしく「軸」の意識によってもたらされるものです。

本書では、4本の軸の意識を作ることで、身体を合理的に使う方法を紹介し、これを合気道の技に用いることで、その有用性を皆様に実感していただきたいと考えております。

既刊本と重複する部分もありますので、本書では要点を簡潔に説明していきます。さらに深く知りたいという方は、筆者の既刊本をご参照ください。

さて、本書のテーマは、先ほどお話ししたように「軸」でありますが、これと切り離せないものとして、「姿勢」があります。姿勢という観点で見れば、本書の内容が合気道以外にも役立つものであることに気づいていただけるはずです。

私は看護師として二十数年間、病院に勤めました。そして、２０１０年にディサービスを経営しており、利用者の身体に直接触れることで、姿勢の悪さから来る病気や不定愁訴がいかに多いかを実感しております。

現代は、高齢者に限らず若者も、多くの人が姿勢に問題を持っています。高齢者になれば筋力の衰えから姿勢が悪くなる傾向にありますが、現代の若者は仕事や勉強でパソコンに向かい合わねばならないだけでなく、携帯電話・スマホ・ゲーム三昧の日常の中で、正しい姿勢が作れなくなっているようです。

そんな今だからこそ、正しい姿勢の重要さを知り、少しでも正しい姿勢を作って欲しいと願っております。これからの高齢化社会を乗り切るためにも、他人事ではなく明日は我が身と思って努力して欲しいと考えております。

大きな努力はいりません。小さな努力を継続して下さい。

「4つの軸」で強い武術！　目次

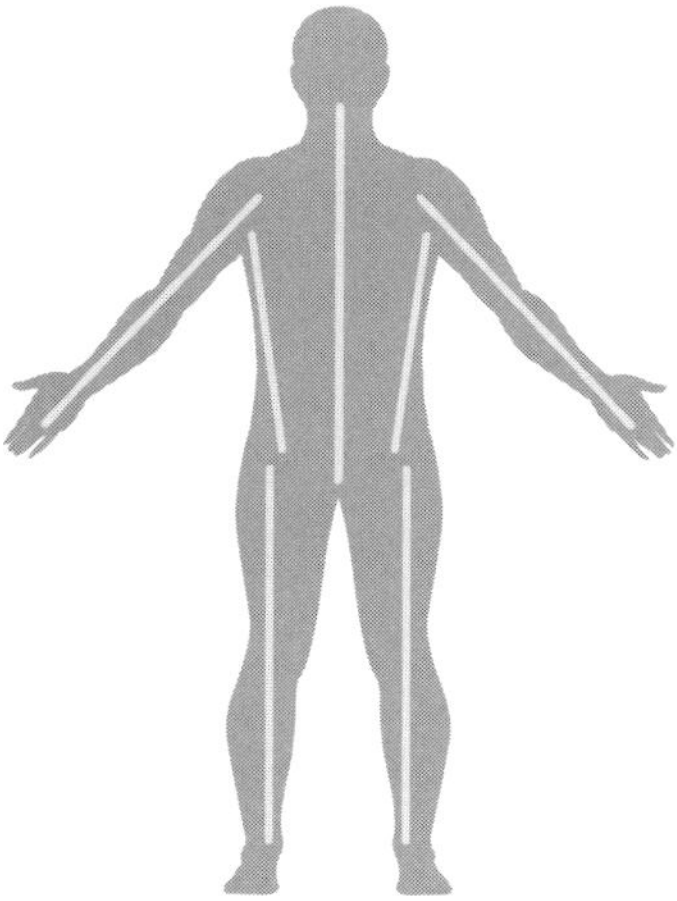

第1章

4本の軸

身体を効率よく制御する

▽4本の軸を使う

本書では、4本の軸の意識を作ることで、効率的に合気道の技を行う方法を紹介します。まず、4本の軸について簡単に説明し、その後、それぞれの軸について詳しい解説をしていくことにします。

第一の軸――背骨
第二の軸――両脇の軸
第三の軸――肩甲骨～手（横軸）
第四の軸――股関節～足

これらの軸を意識できるようになると、腰の力（腰力《ようりょく》）を、手足に伝えることができるようになり、技が変わってきます。

合気を実現する4本の軸

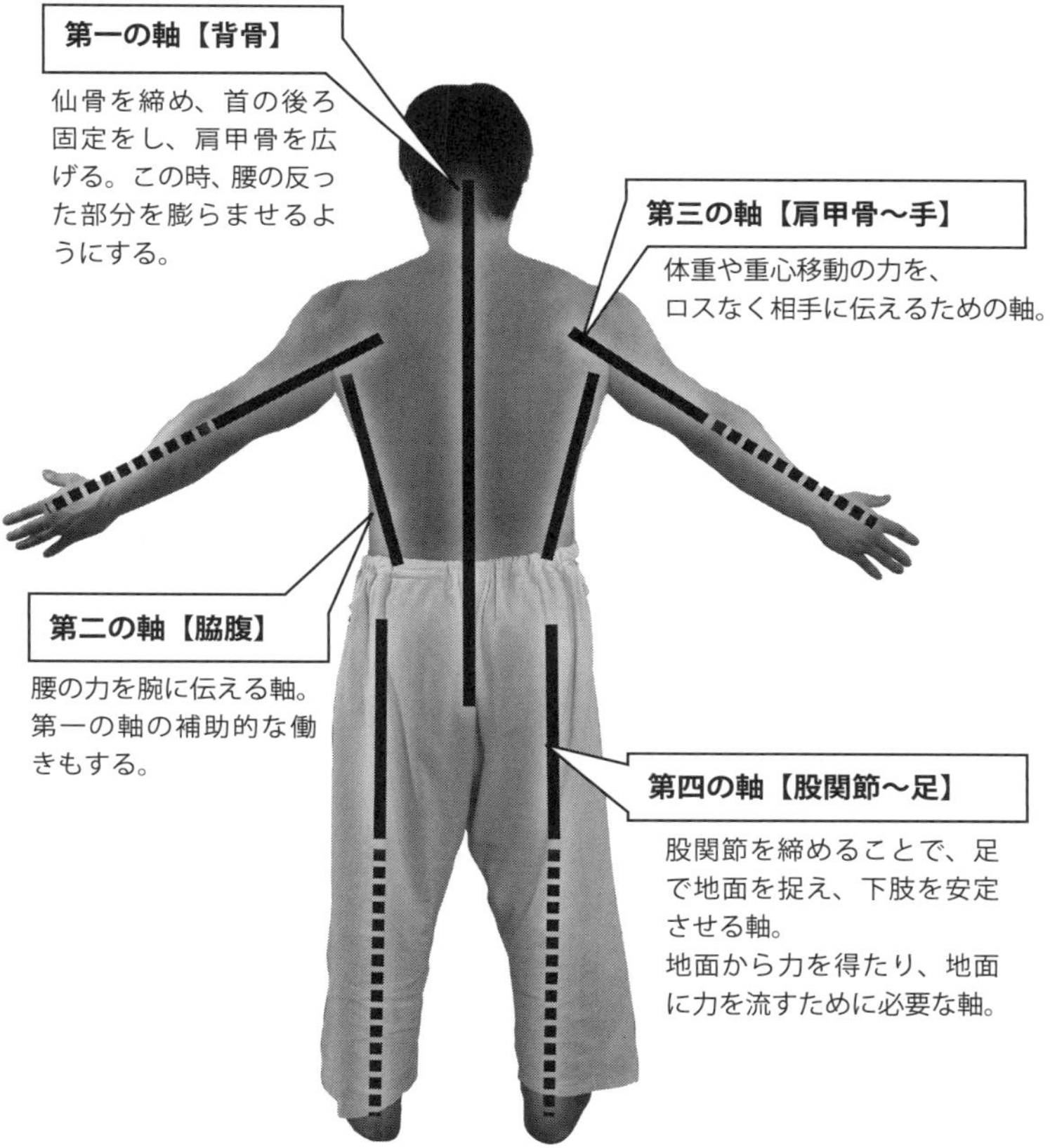
第一の軸【背骨】
仙骨を締め、首の後ろ固定をし、肩甲骨を広げる。この時、腰の反った部分を膨らませるようにする。
第三の軸【肩甲骨〜手】
体重や重心移動の力を、ロスなく相手に伝えるための軸。
第二の軸【脇腹】
腰の力を腕に伝える軸。第一の軸の補助的な働きもする。
第四の軸【股関節〜足】
股関節を締めることで、足で地面を捉え、下肢を安定させる軸。
地面から力を得たり、地面に力を流すために必要な軸。

◆第一の軸――背骨

私の理論では、背骨を根本の軸、「第一の軸」と考えます。どのように意識すると背骨が「軸」となるのかが第一の命題です。

仙骨の締めと首の後ろ固定をし、さらに、肩甲骨を左右に広げた状態に保ちます。意識の仕方としては、腰の反った部分を膨らませるようにします。これが基本中の基本です。これがなければ他には進めません。

◆第二の軸――両脇の軸

腰の力を肩に伝えるための「軸」です。第一の軸ができていてこそ使える軸で、腰から肩に繋がる複数の筋肉を通ります。第一の軸をサポートし、第三の軸への影響も大きい軸です。

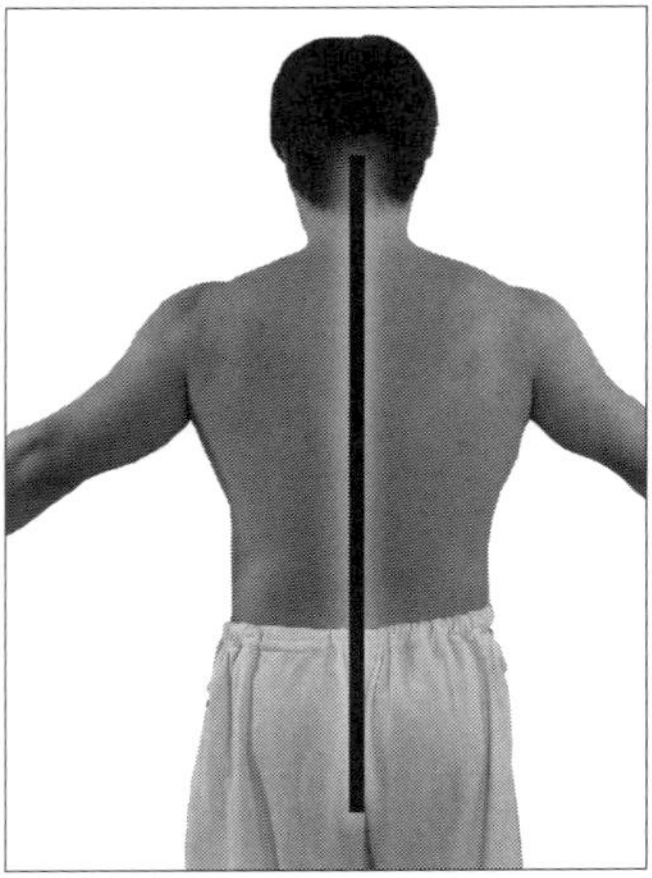

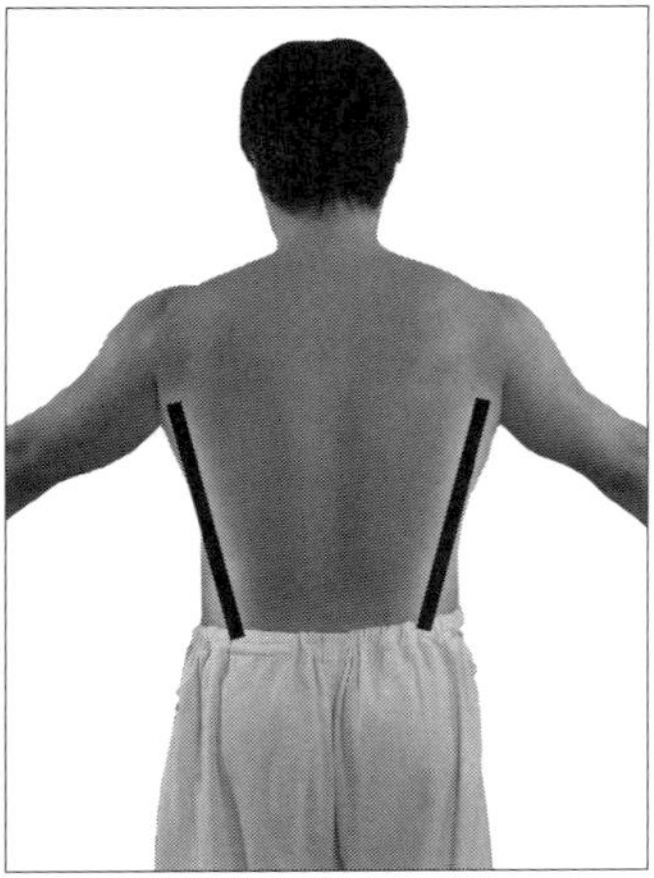

◆第三の軸——肩甲骨〜手（横軸）

腰の力や重心移動によって生み出した力を手に伝えるために、腕に作る軸です。この軸ができていなければ、単なる腕力に頼る動きになってしまいます。

◆第四の軸——股関節〜足

股関節から膝までを貫くのが第四の軸です。身体の土台を作る軸です。仙骨の締めが股関節の締めに繋がり、膝の絞りも伴います。

この軸が延長して、踵を通り、足の指先まで意識を届かせます。

この軸がないと、股関節が緩んで下半身を安定させることができません。

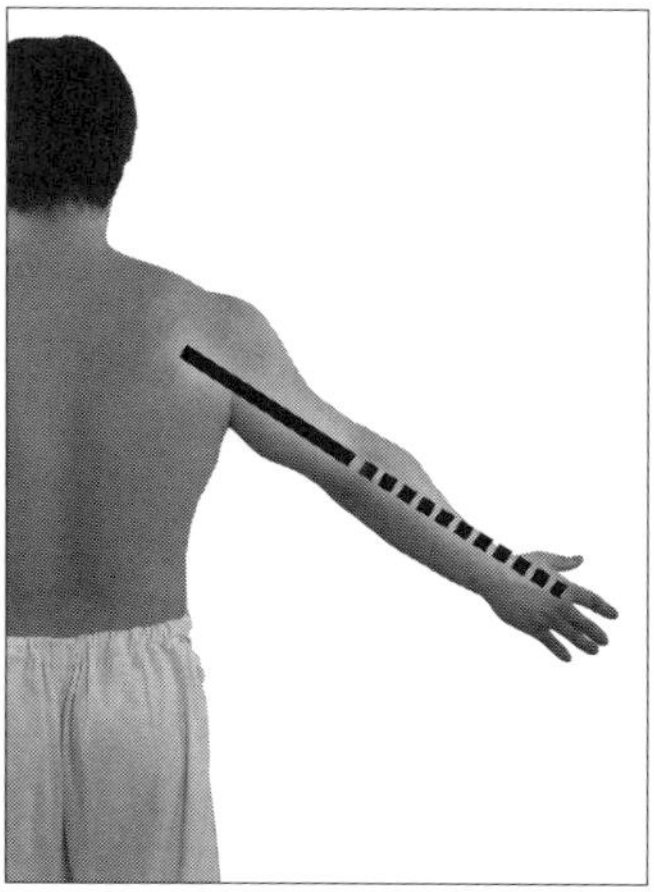

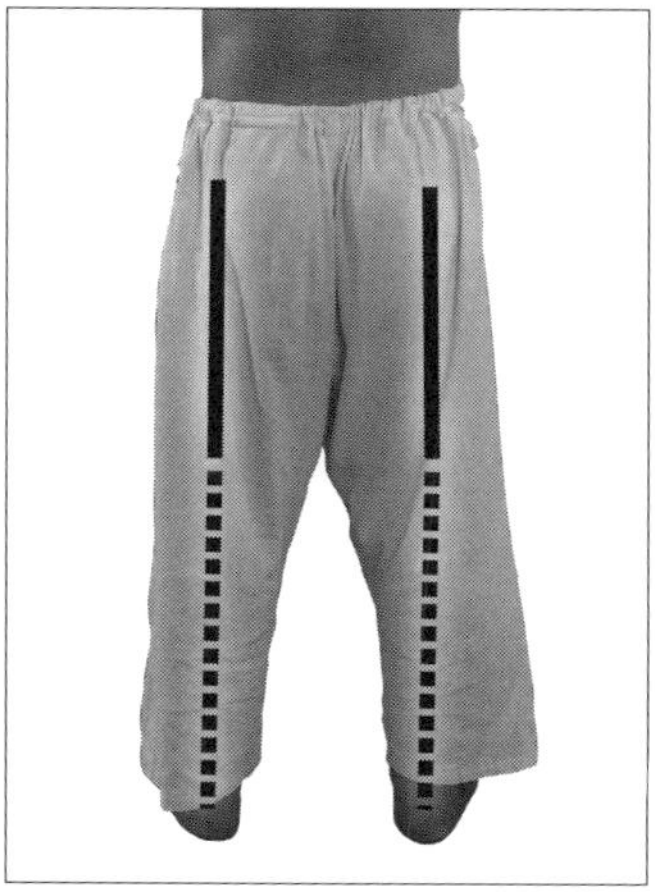

◆第一の軸——背骨

▽仙骨と首と腰がポイント

第一の軸は基本中の基本です。この軸なしでは、他の軸を作ることができないほど重要なものです。しかし、スポーツ選手であっても、意外とこれを意識できていない人も多いように見受けられます。

背骨を軸として機能させるための方法を一言で言えば、背骨の歪曲を小さくすることです。そうすることで背骨の余計な遊びがなくなり、背骨は強く安定したものとなります。背骨の歪曲を小さくするためには、「仙骨」「首」「腰」の三点に意識を置くことが大切になります。

▼仙骨の締め

仙骨とは、骨盤の中心にある逆三角形の骨で、背骨を下から支える骨です。仙骨は骨盤にも、背骨にも影響を及ぼす、重要な骨です。

仙骨は左右の腸骨に挟まれていて、その接合面でわずかに動きます。私は、仙骨が仰向く

仙骨の締めと返し

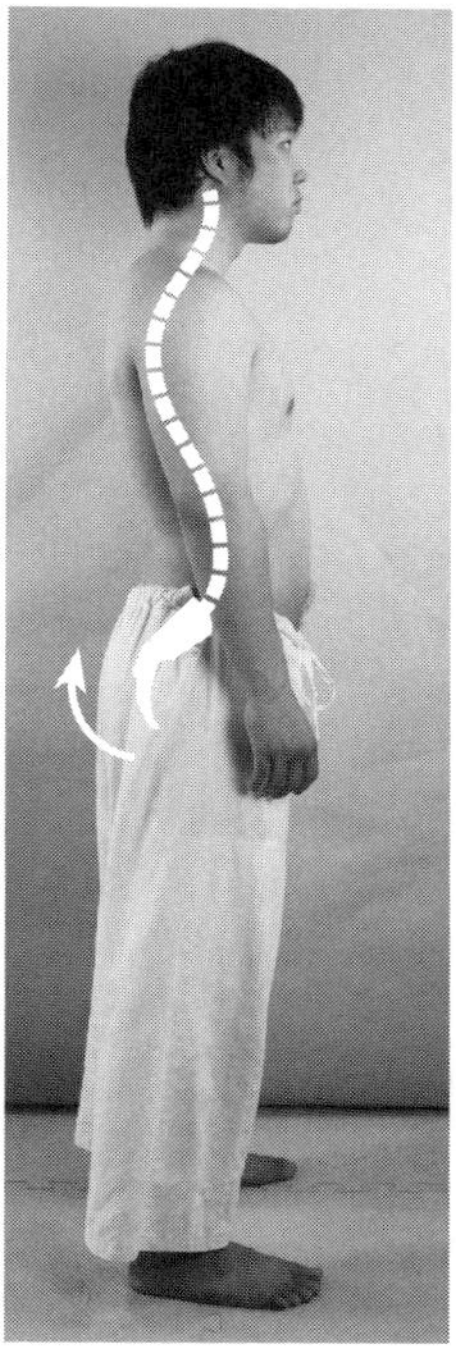

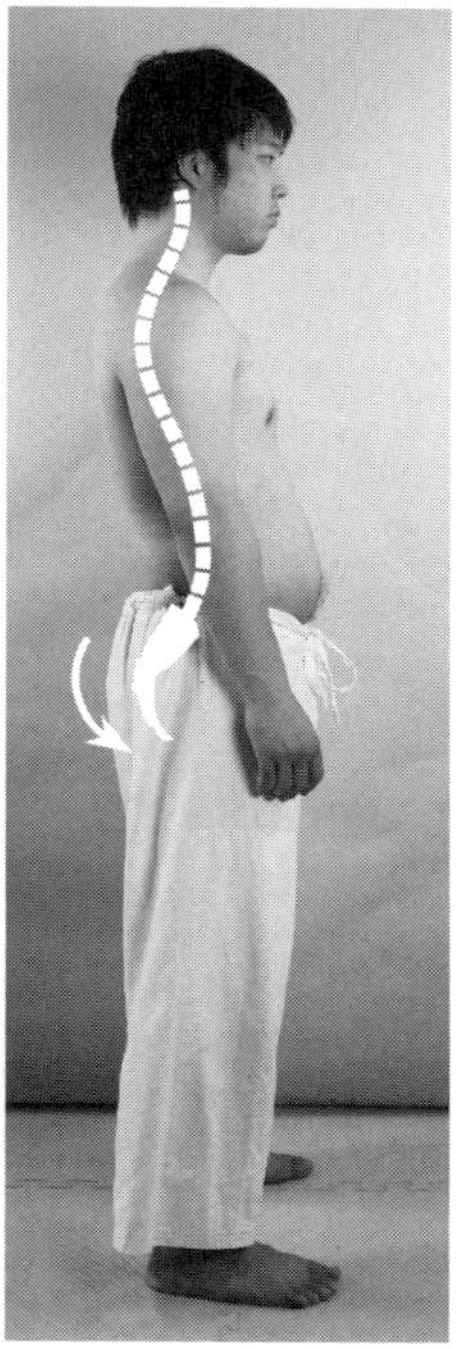

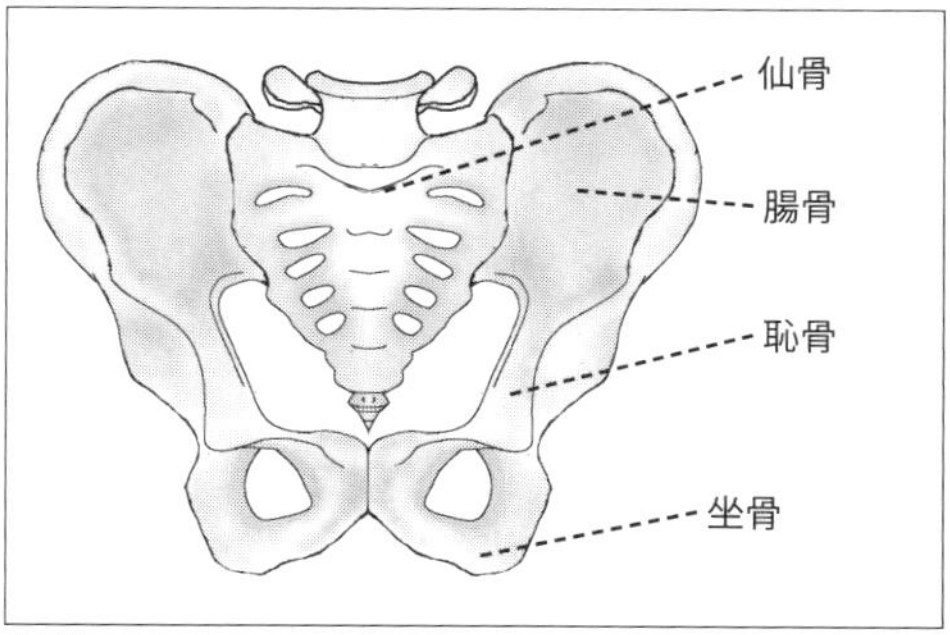

骨盤

ように倒れる動きを「仙骨を締める」と表現しています。仙骨を締めることによって、背骨の下半分の可動域を狭め、強化することができます。

反対に、仙骨がお辞儀するように倒れる動きを「仙骨を返す」と表現します。仙骨を返すと、背骨の下半分の可動域は広がりますが、強度は下がってしまいます。

▼首の後ろ固定

「首の後ろ固定」とは、いわゆる「アゴを引く」という動作です。顔を正面に向けたまま、後頭部を後ろに引きます。この時、肩甲骨の間の背骨が前方に動くことも意識してください。意識としては、背骨の一番出っ張った部分を凹ませるようにします。

下を向いてアゴの先をノドに引き付けるのは間違いなので、注意してください。

また、左右の肩甲骨を外へ開きながら、骨盤方向へ下げるようにすると、より首の後ろ固定の効果が上がります。実感としても、首が長くなって、視界が広がったような感じがする人もいるでしょう。この肩甲骨の操作については、後に説明する第三の軸（横軸）にも関連するので、覚えておいてください。

首の後ろ固定は、背骨の上半分に影響を与えます。首を後ろ固定すると、首を含めた背骨

首の後ろ固定

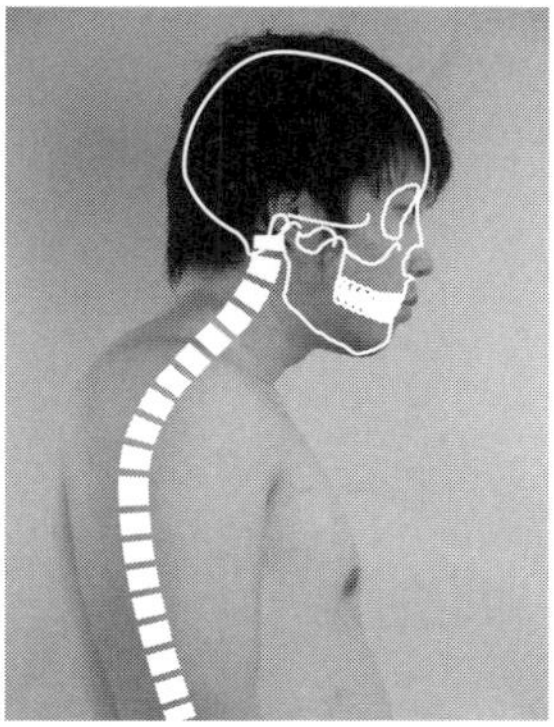

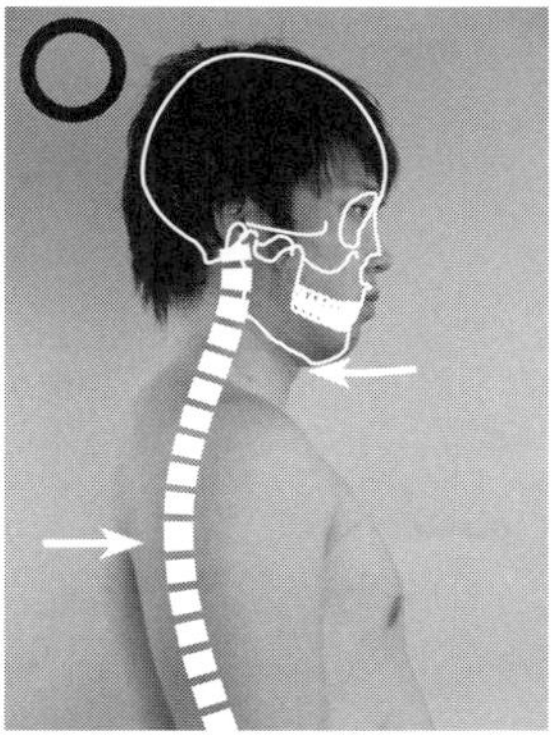

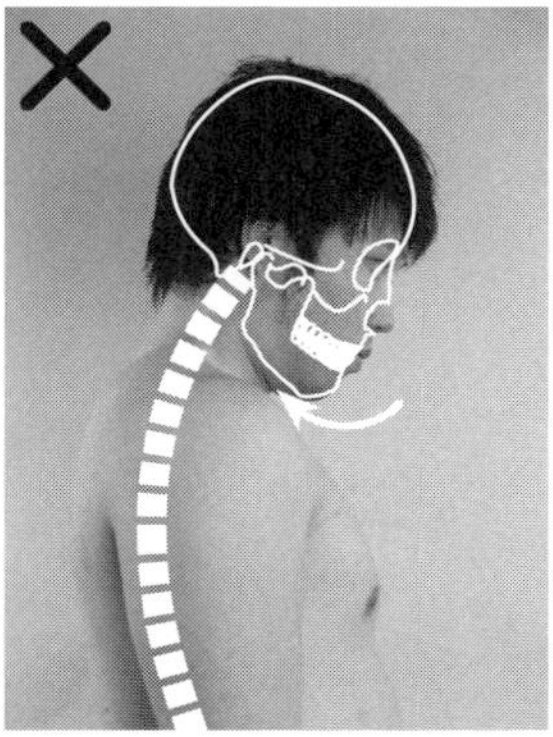

上半分の可動域が狭くなり、強化されます。

▼腰力

仙骨の締めによって背骨の下半分を強化し、首の後固定によって背骨の上半分を強化したら、つぎはその間をつなぐ意識を加えます。これを「腰力《ようりょく》」と言います。これができてこそ、本当の意味で背骨を1本の軸にすることができるという、鎹《かすがい》の役割を果たす意識です。

腰力は、腰の一番くびれた部分を、腹部を膨らませる力と同等の力で後ろへも膨らませるようにする意識です。

腰力を体験するためには、立った状態で仙骨の締めをして、首の後ろ固定をします。この状態で、息を足の裏に吹きかけるイメージで息を吐きながら、内臓を下へ落とすようにします。腰と腹に同等の力が加わって、腰が内側から膨らむように感じられたのなら、ひとまず上手くできていると言えます。

腰力が実感できた状態では、腰を前後に曲げたり、左右に傾ける、捻るという動きが制限されているはずです。人によっては、体幹が1本の強い柱のように感じられることもあるでしょう。

第一の軸の作り方

首の後ろ固定

アゴを引き、背骨の出っ張りを凹ませるようにして背骨の上半分の軸を作る。

内臓を落とす意識

内臓を落とすように意識しながら、足の裏に息を吹きかける。

腰力

背骨の上と下で作られた軸を統合する。
この時、腰と腹に同等の力が入るようにならなければならない。

仙骨の締め

背骨の下半分の軸を作る。

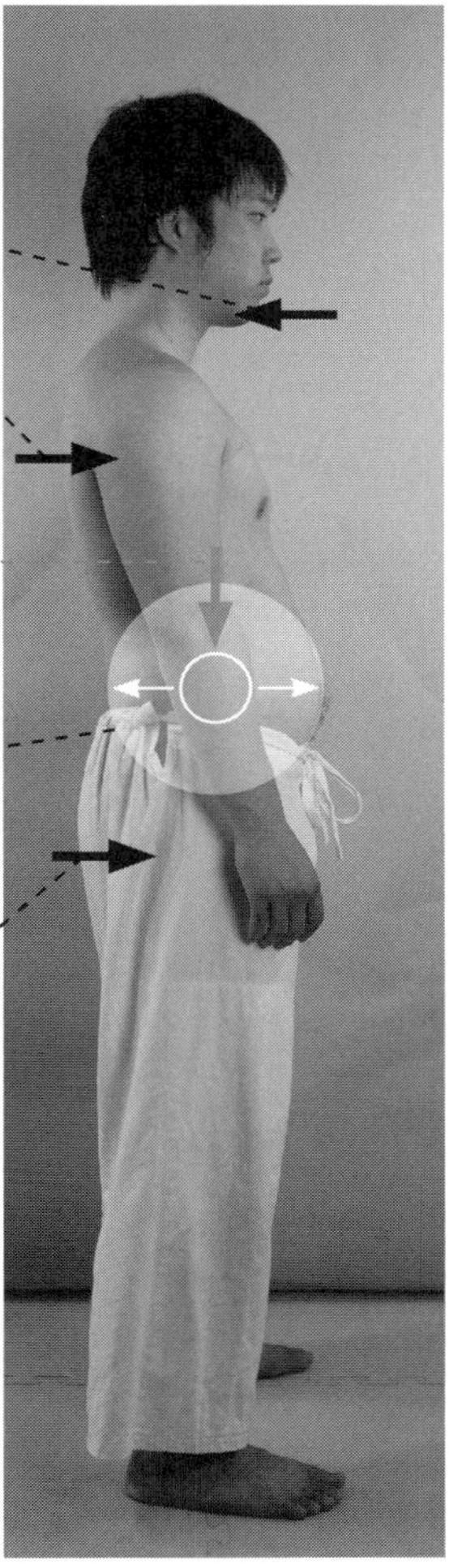

▼第一の軸を作るには、相反する動作を同時に行う

第一の軸の意識をして、腰力を使う時、やりにくさを感じた人もいることでしょう。それは、普段しない動きだからです。

仙骨を締めると、骨盤は後ろに傾いていくので、普段の動きでは背中を丸めることになります。首の後ろ固定するとともに肩甲骨を下げようとすると、普段の動きでは背中を反ることになります。つまり、仙骨を締めることと、首の後ろ固定は、普段の感覚だと相反する動きであると感じるわけです。

そして、この相反する動きを同時に行うのがコツです。

このような、一見して相反する動作は、他にもあります。

例えば、打撃を中心とするボクシングや空手などをしている人は、腹を叩かれても大丈夫なように、腹筋運動を繰り返して、ボディを硬くします。腹筋を硬くするときは、やや前かがみになります。しかし、背中が丸くなってしまえば、姿勢が崩れ、身体の機能を制限してしまうことになります。強いパンチを打つには、背中の筋肉を使わなければならず、そのためには背筋を伸ばすことが必要になります。

身体に働く相反する力

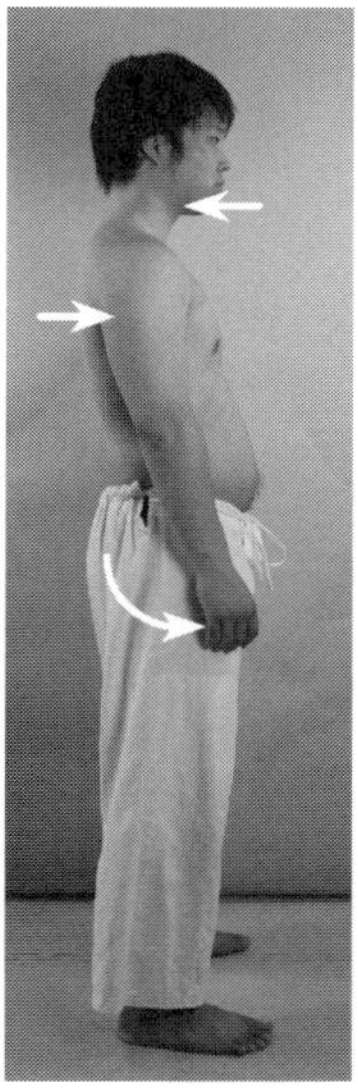

第一の軸を作る際には、首の後ろ固定と、仙骨の締めが同時に行われ、身体に相反する力が加わる。

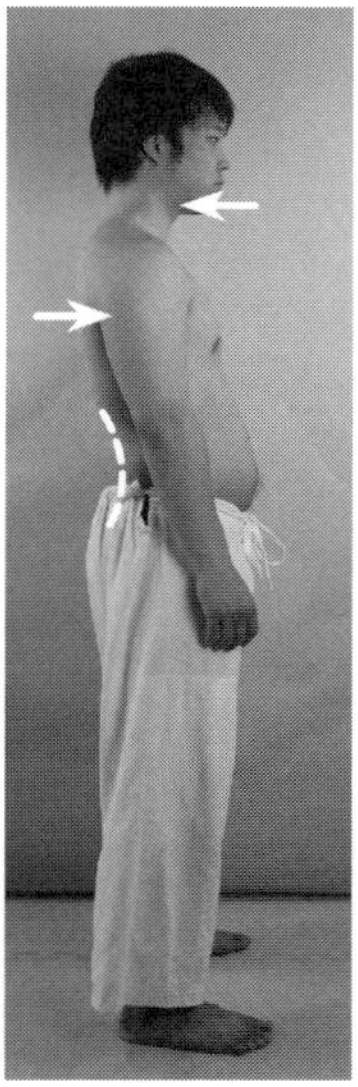

首を後ろ固定しようとすると、腰を反りたくなる。

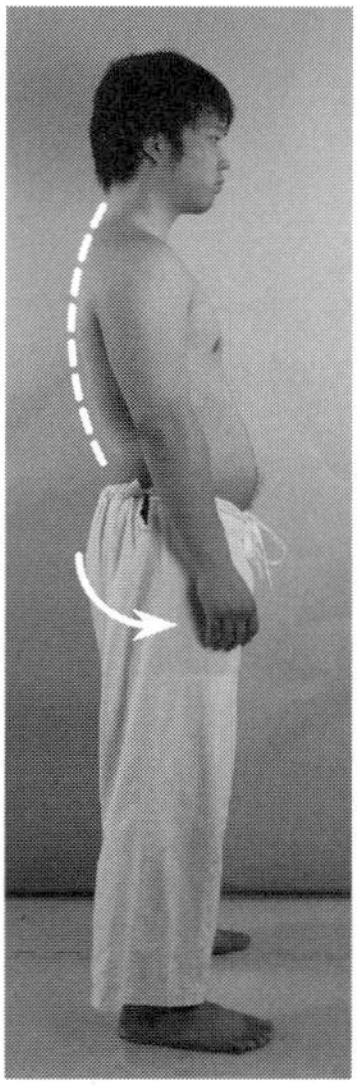

仙骨を締めると、背中を丸めたくなる。

実力がない武士同士が刀で切り結ぶと、後ろで立っている人は向こうの景色が見えたと言われています。つまり、戦っている武士の腰が引けて、前かがみになってしまっていたのです。背骨を第一の軸にするべき場面で、背中が丸まってしまうのですから、当然、動きも悪かったことでしょう。

合気道も含め、日本の武道では姿勢を正しくすることを求められます。投げる動作、突く動作、蹴る動作、刀を振る動作、どれも背中が丸まりやすい動作です。つまり、どの武道も、一見すると相反する動作を同時に行うように、修行者に求めているのです。

これは、スポーツでも同様のことが言えるのではないでしょうか。

私が本書で述べている第一の軸の作り方は、一見して相反する要素を同時に行うのですが、それこそが合気道のみならず、高度な運動を行う際に必要な要素となります。ぜひ、繰り返し練習して、仙骨の締めと、首の後ろ固定が同時に行われる状態を、身体に取り込んでください。それまで相反していた要素が、当たり前になったとき、動きの質が変わっているはずです。

▽相撲で第一の軸の効果を実感する

第一の軸の作り方を学んだところで、「これは使える」と納得するための実験をしてみましょう。

▼相撲で実験

二人で向かい合って立って、一人が相手の帯やベルトを掴んで腰を振り回して投げようとし、もう一方が投げられまいと耐えます。できれば自分よりも力の強い人を相手にするとわかりやすいと思います。

最初は、耐える側が仙骨を返した状態で行います。

それから、耐える側が仙骨を締めてみてください。そしてその違いを、互いに感じてください。

次に、首の後ろ固定を加えて実験をします。さらにできれば、腰力を意識して、下腹に重心を落とすイメージをしてみてください。

投げる側は、耐える側が軸の意識を作っていく度に、重く、動かなくなっていくように感じるはずです。
耐える側が仙骨を返した状態でも実験してみてもよいでしょう。すると、投げる側はとたんに軽く感じるはずです。

次は、投げる側が第一の軸の意識の有無で、使える力の変化を感じてみましょう。相手の重さが変わったように感じるはずです。ただ姿勢を作るだけでこれほどの変化を得ることができるのです。決して筋肉が増えたわけでも、体重が増えたわけでもありません。

この実験は、稽古法としても使えます。相手が帯を掴んで振り回してくるのを、軸の意識だけで耐えるのです。すると、第一の軸の意識が自然にできるようになり、軸を作るのに関わる筋肉が活性化し、さらに呼吸を下におろす意識を加えることで、より強くなります。

相撲で実験

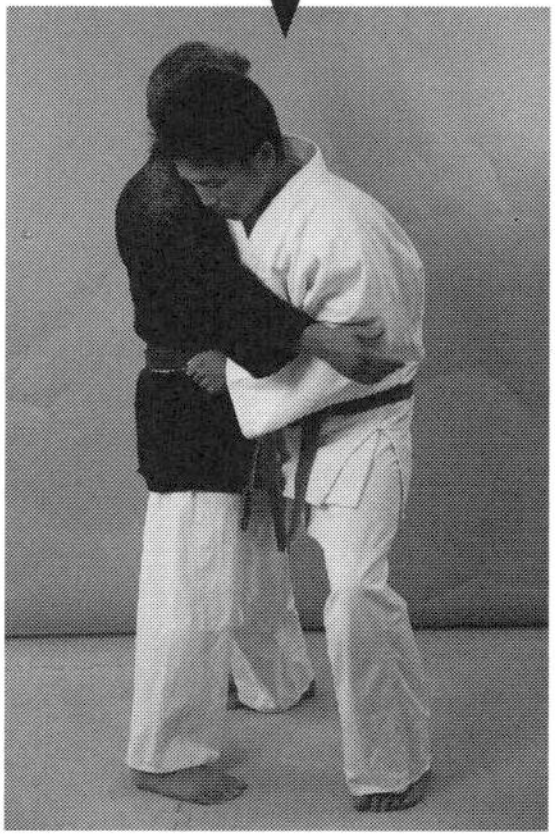

第一の軸を作ると、崩されなくなり、相手は突然重くなったように感じる。

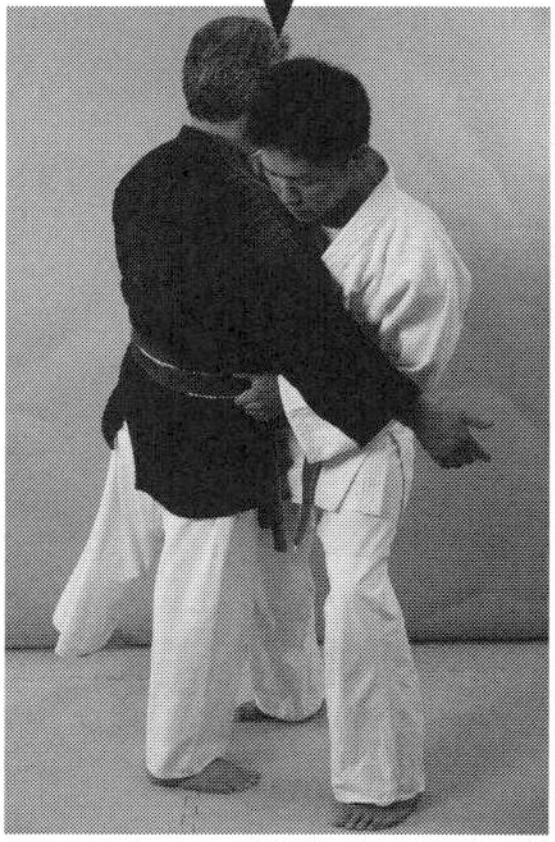

軸を作らずに、仙骨を返した状態では、簡単に崩されてしまう。

◆第二の軸――脇のライン

▽腰の力を腕に伝える

第二の軸は、腰から肩をつなぐ両脇のラインです。このラインを、腰力が肩へ伝わって行きます。

腰力ができていないときは意識しにくいラインですが、腰力ができるとこのラインが意識しやすくなります。

初めは実感が薄いのですが、続けているうちに徐々に実感できるようになります。すると、腕を使った動作、例えば、拳で突く、相手を押すなどの動作に変化がでてきます。拳で突く動作であれば、腰で突く感覚が明確になります。あるいは相手を押す動作は、腰で押すという感覚がつかめるようになります。

第二の軸

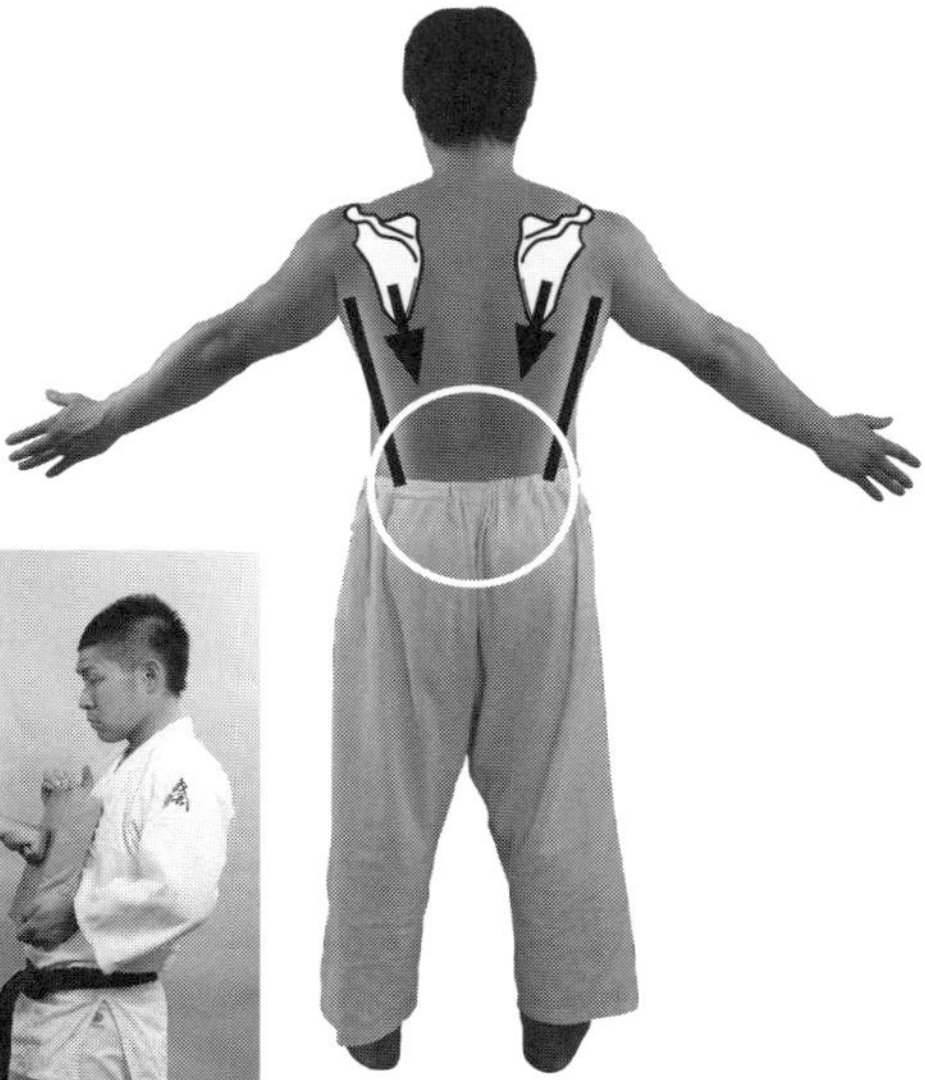

肩甲骨を広げ、肩を前に固定した状態で、肩甲骨を骨盤に向けて下ろすと、両脇を通る軸が意識できる。
この軸は腰力を土台にしており、腕を使う際には腰の力を手に導くラインでもある。

▼肩の前固定をする

第二の軸を実感するために、肩の位置に注意してください。第一の軸を作るときに、首の後ろ固定をしましたが、その際に左右の肩甲骨を外に開き、骨盤に下ろすように意識しました。第二の軸を作るときも、肩甲骨を開いて下げる意識は大切です。

肩甲骨よりも肩の方が意識しやすい方は､肩を前に出し､下げるようにします。これを「肩の前固定」と言います。肩の前固定をすると、胸筋の上部を吊り上げるような感覚が得られます。そして、肩の前固定と首の後ろ固定を同時に行うと、腰から肩にかけて、筋肉に張りができ、第二のラインをより感じやすくなるはずです。

腕で使う技であれば、第二のラインが強くなることで、相手に力が伝わりやすくなります。反対に、相手がこちらの腕をとって技をかけようとした場合、第一、第二の軸を作ることで、技が掛かりにくくなります。

第一の軸で作った腰力は、腰腹同等に力を入れ、内側から膨らませるというものでした。その張った力を第二の軸を通して、腕に伝達します。この時、働いているのは、30、31ページで示した筋肉です。この力の流れは、この後で説明する第三の軸を作り、強化するために欠かせないものです。

肩の前固定

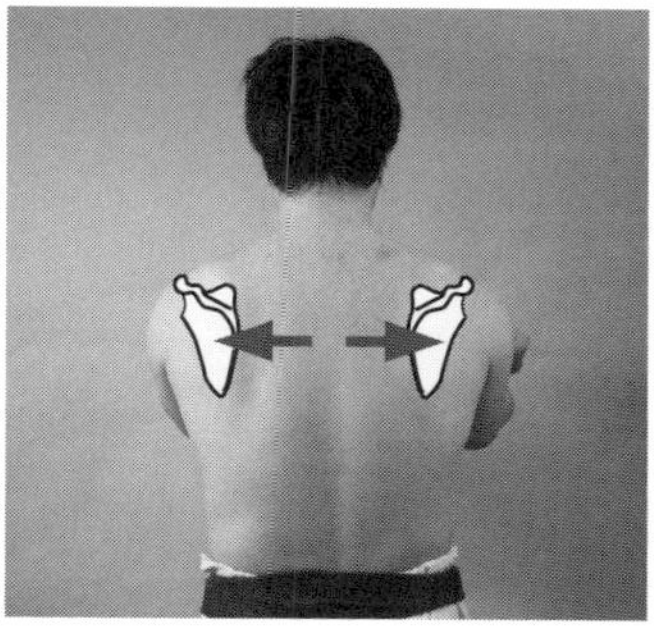

肩甲骨を広げる。

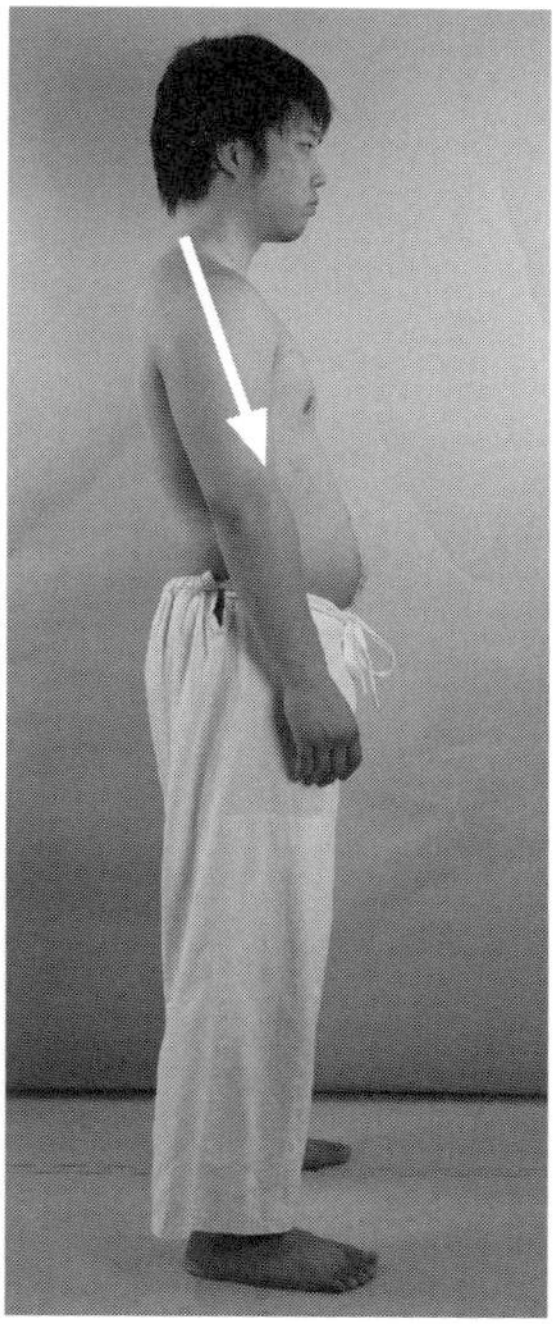

肩を前に固定して下におろす。

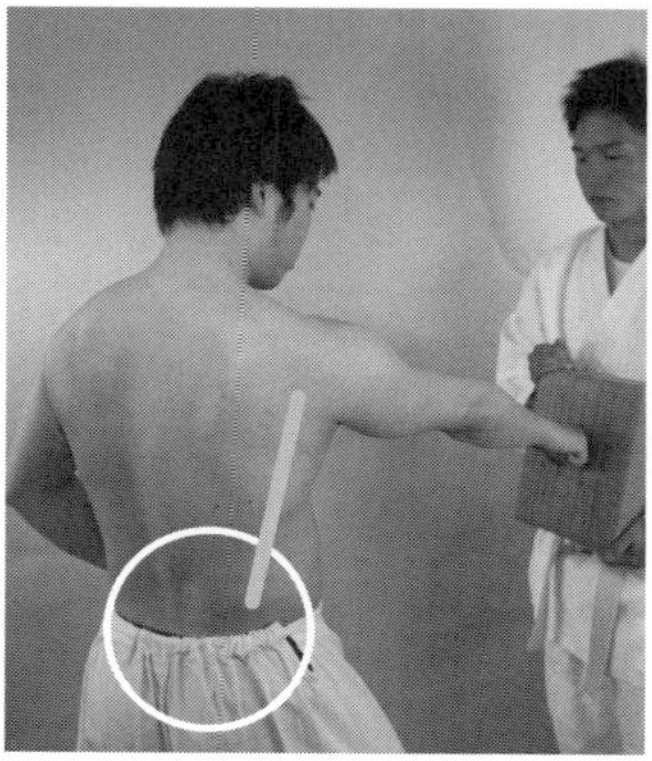

第二の軸が、腰力が腕に伝わるラインになる。

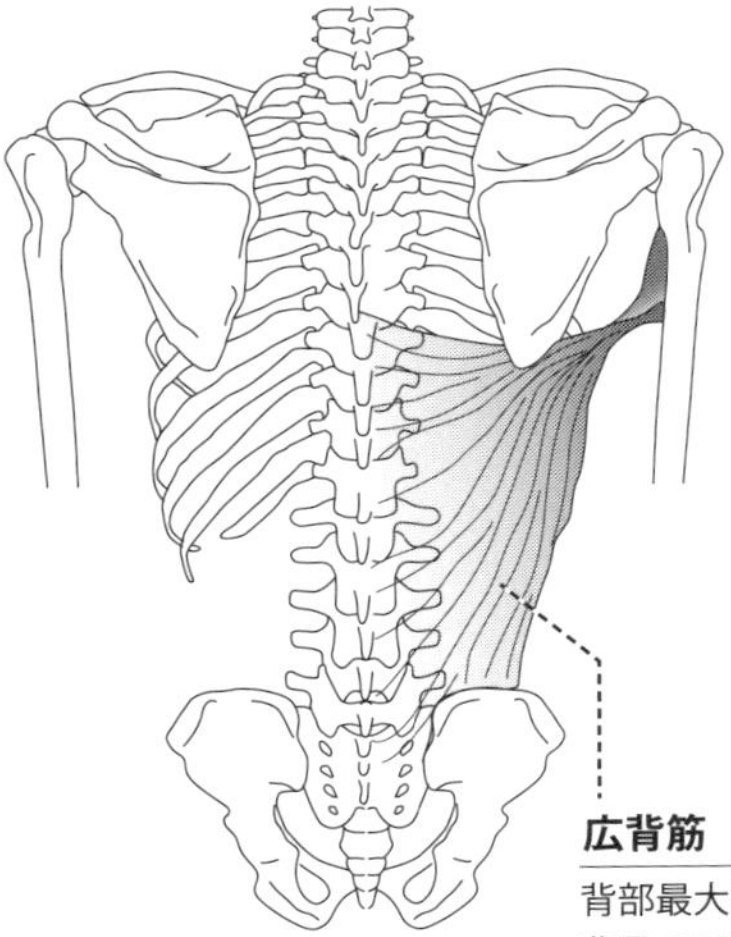

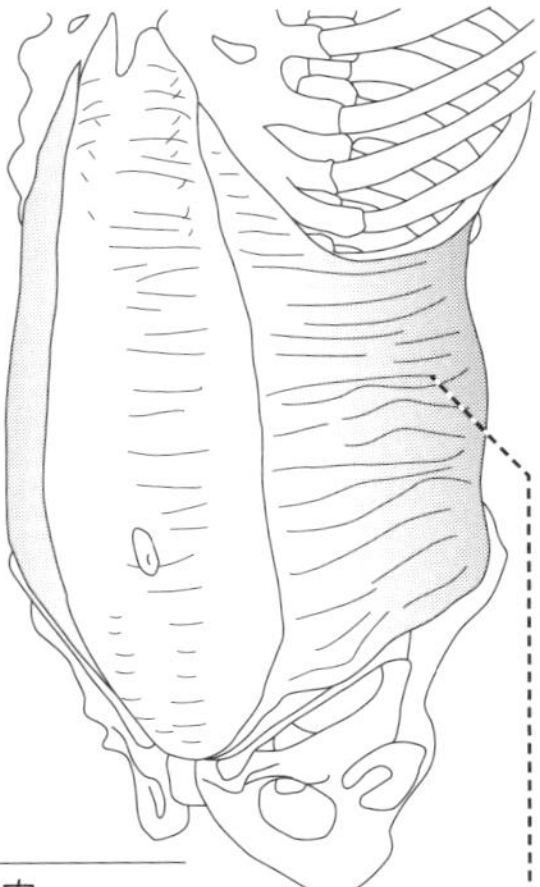

広背筋

背部最大の筋肉。
背骨の下半分、肋骨の下半分、骨盤の腸骨から始まり、上腕につながる。

腹横筋

コルセットのように腹部を取り囲む筋肉。
外腹斜筋、内腹斜筋より深部にあり、背骨にもつながっており、呼吸とも深い関連を持つ。

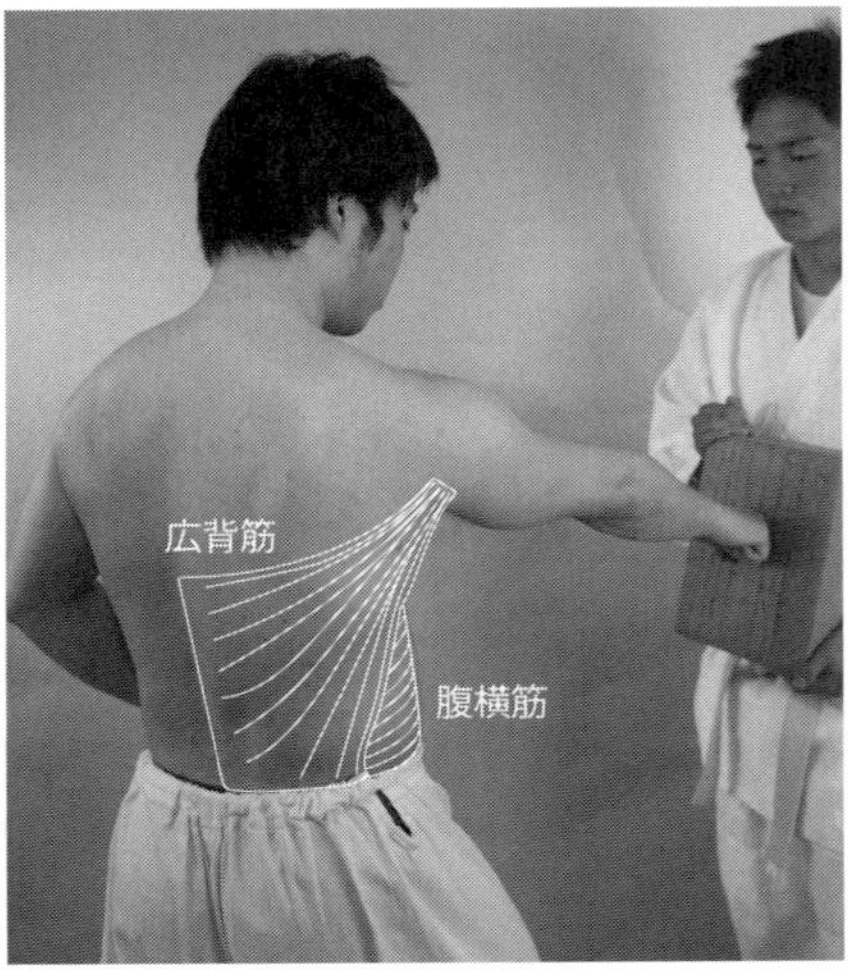

広背筋は腕や肩甲骨を支え、横隔筋は体幹を支える。
どちらも武術には重要な筋肉である。

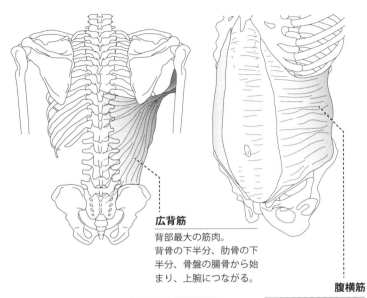

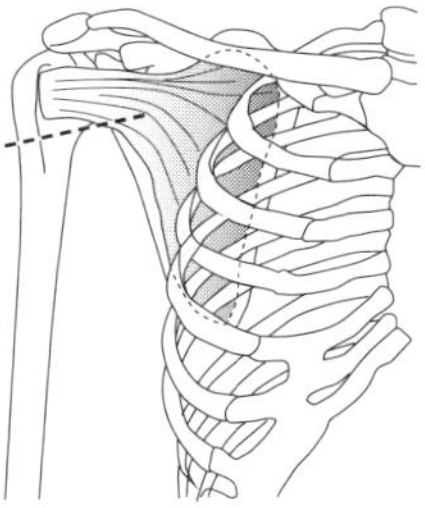

肩甲骨下筋

肩甲骨と肋骨の間にあり、腕を肩に安定させる。

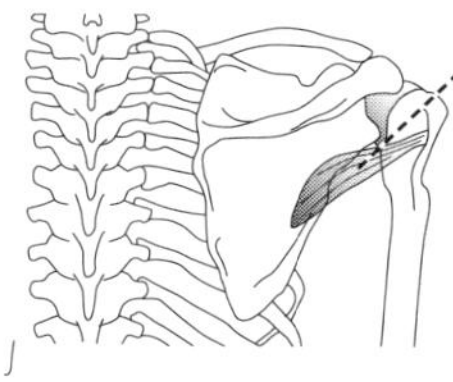

小円筋

肩甲骨と上腕骨をつなぎ、肩を内旋させるとともに、腕を肩に安定させる。

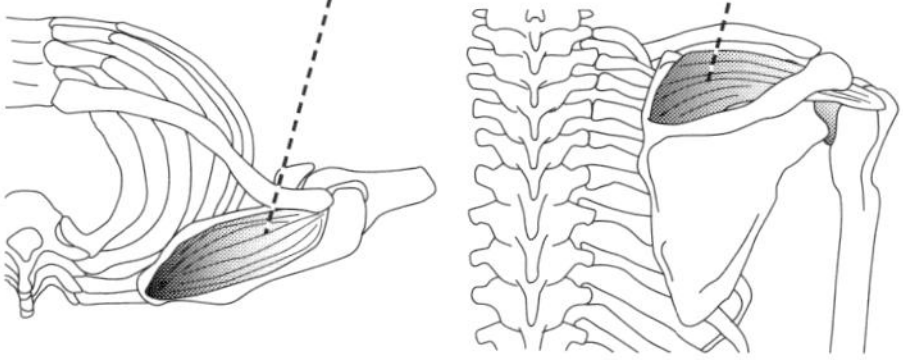

棘上筋

肩甲骨の棘上窩にあり、腕を肩に安定させる。

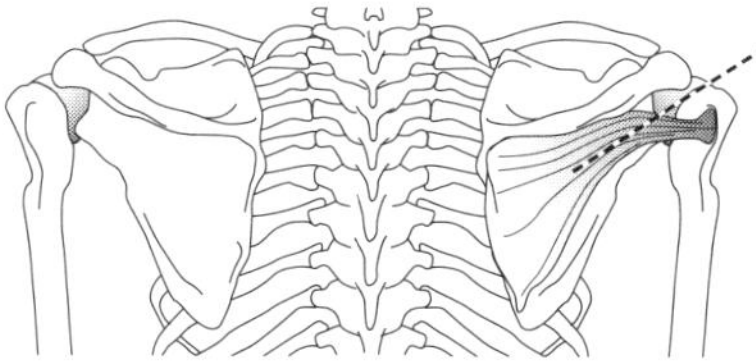

棘下筋

肩甲骨の棘下窩にあり、腕を肩に安定させる。

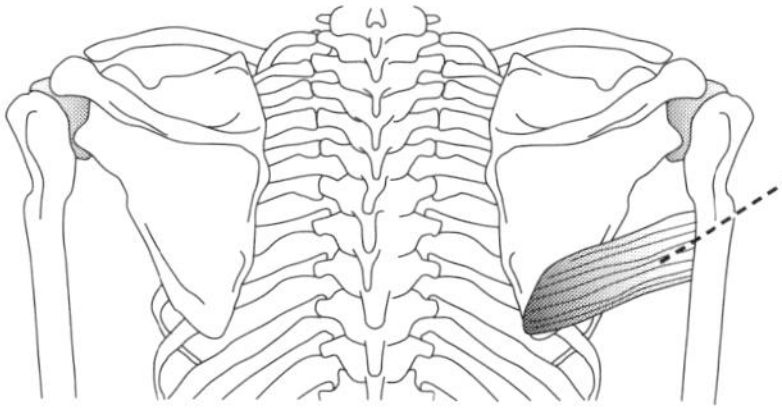

大円筋

肩甲骨と上腕骨をつなぎ、肩を内旋させるとともに、腕を肩に安定させる。

上記の筋肉は、いずれも肩甲骨と腕をつなぎ、肩関節の窪みに上腕骨頭を引き付けて、安定させる働きを持っている。

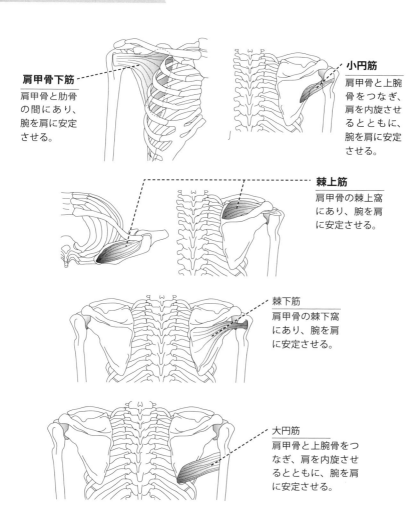

▽腕と体幹を一体化させる

第二の軸によって腕が強くなっているかをみる実験です。一人が腕を伸ばし、その腕をもう一人が横に動かそうと押してください。

腕を伸ばした人は、最初は軸の意識を作らずに、腕が横に動かないように耐えます。押す人は特に強く押さなくても、相手の腕を動かせるはずです。

次に、腕を伸ばした人が、第一、第二の軸を作ってください。特に、肩を前固定して、下におろすという意識を持ってください。

肩甲骨を足元のほうへ下げると同時に左右に広げて固定してください。右腕を出したら肩甲骨は右に寄せて固定します。できれば仙骨は締めた状態にしておいてください。

すると、腕を伸ばした人は、腕に脚と腰の力が加わったように感じて、相手の力に負けなくなるかと思います。腕を前に伸ばすように意識すると、さらに腕は強くなります。

第二の軸が腕と体幹を一体化する

第一、第二の軸を作ると、簡単には負けなくなる。このとき、腕と腰、脚がつながっている感覚があるとよい。

軸を作らずに耐えようとしても、簡単に負けてしまう。

◆第三の軸――肩甲骨～手

▽指先まで力を流す軸

第三の軸は横軸です。この軸は、腰、背骨、肩甲骨、肩、肘、手首、手に至る力の流れを作るものです。

一番大切なのは、やはりスタートの腰、そして中間地点の肩甲骨です。第一の軸を作るために行った、首の後ろ固定と肩の前固定により、腕は体軸に固定された状態になります。

さらに「肘の絞り」を行って、「人差し指へのライン」を作ります。この時、肩甲骨から指へのラインが第三の軸です。

この軸を使えるようになると、様々なスポーツで応用することができます。例えばテニスでボールを打つときに、腕で打つのではなく、体幹を使って打つことができるようになり、体重を乗せた打球が可能になります。

この軸の使い方が分かると、合気道や柔道のような組み技において相手から非常に嫌われるようになります。相手の技にかかりにくくなるからです。

第三の軸

合気道では指先まで力が届くようになるので、いわゆる気の通った技が可能になります。

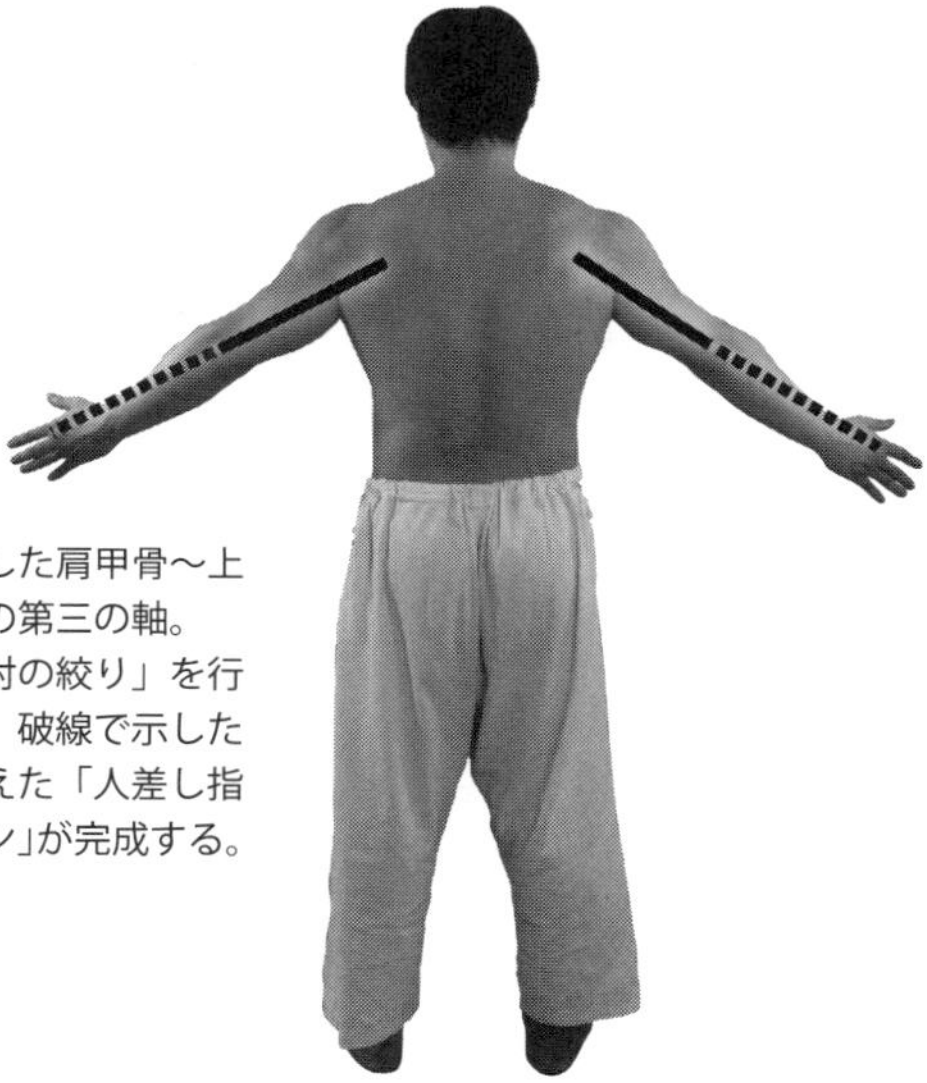

実線で示した肩甲骨～上腕が基本の第三の軸。さらに「肘の絞り」を行うことで、破線で示した部分を加えた「人差し指へのライン」が完成する。

第二の軸で固定した肩甲骨を土台に、第三の軸を作ることで、体幹の力をロスすることなく指先まで伝えられる。

▼肘を絞る

第三の軸を作るための要素の一つ、「肘の絞り」について説明します。

前腕には2本の骨があります。親指側の骨を橈骨と言い、小指側の骨を尺骨と言います。手のひらを返すと、一見すると手首から回っているように見えますが、実際には前腕の2本の骨が動いています。例えば、自分の顔に手のひらを向けたとき、前腕の2本の骨は平行に並んだ状態です。肘の位置をそのままに、手のひらを前方に向け、手の甲が自分の顔に向くようにすると、前腕の2本の骨は交叉した状態になります。このとき、肘の骨と手のひらが同じ向きを向いています。

前腕の2本の骨が交叉した状態にすることを「肘の絞り」と言います。

肘の絞りをした状態と、していない状態とで、肘の可動域を比べてみてください。肘の絞りをすると、肘の動きは制限されているはずです。

肘の絞り

手のひらと肘の骨が同じ方向を向くように、前腕を捻ると、前腕が強化される。
空手の正拳突きも、合気道の手刀打ちと手刀受けも肘の絞りが行われる。

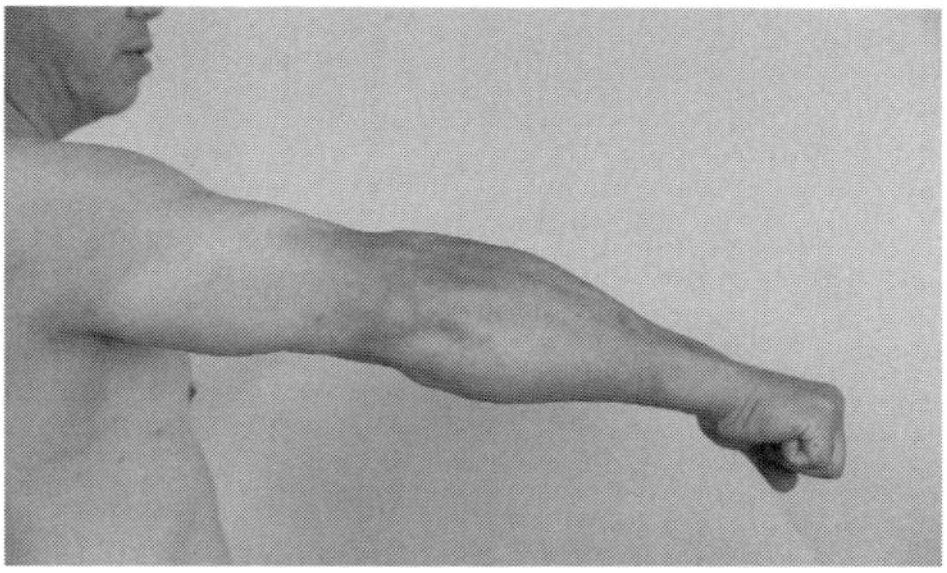

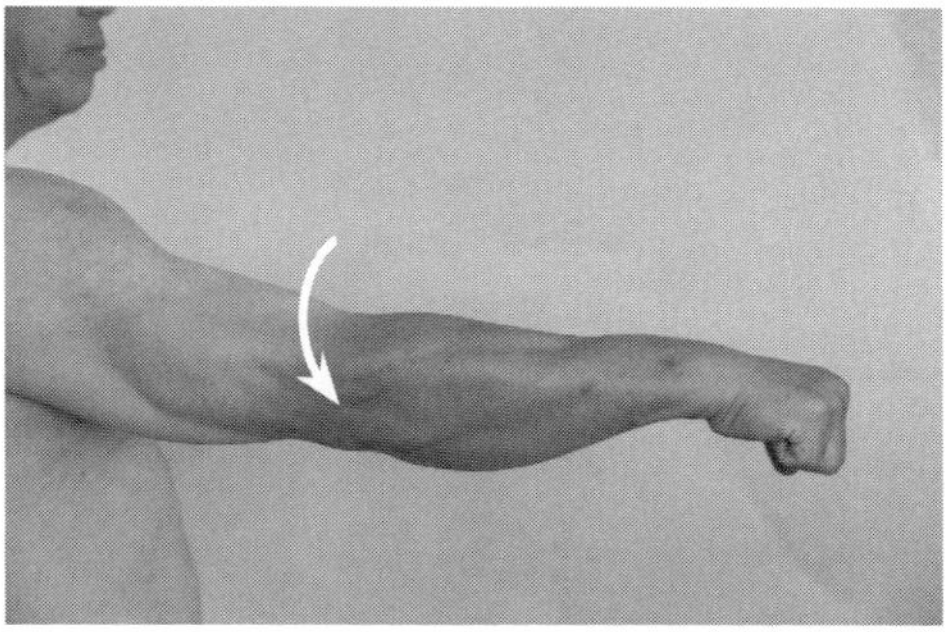

手首の回内、回外動作は、前腕の中の二本の骨によって行われる。

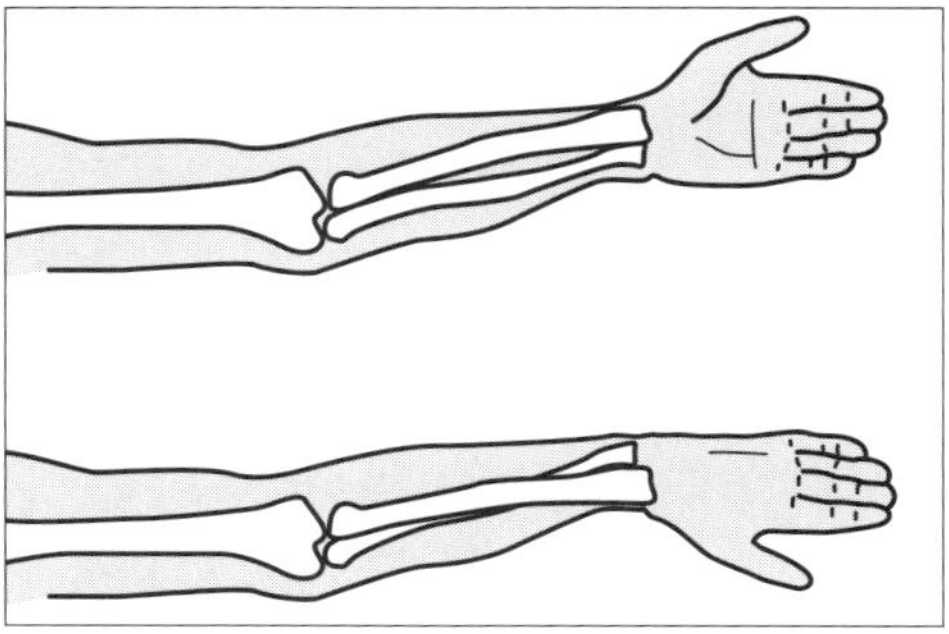

▼脇を締めるということ

さて、合気道も含めた様々な分野で「脇を締める」というコツが語られます。しかし、文字通りに腕を体側に押しつけるようにしたままでは、腕はほとんど使えなくなってしまいます。不思議に思った方も、多いのではないでしょうか？

実は、一見、脇が開いた状態でも「脇が締まっている」状態が作れます。

脇が締まっているかどうかは、見た目に脇が開いているかどうかではなく、「背筋を伸ばして、肩が落ち、肘が絞られているか」によります。

つまり、本書でここまで説明してきた、第一の軸と、第二の軸ができていて、さらに本項で説明している「肘の絞り」「肩の前固定」があ

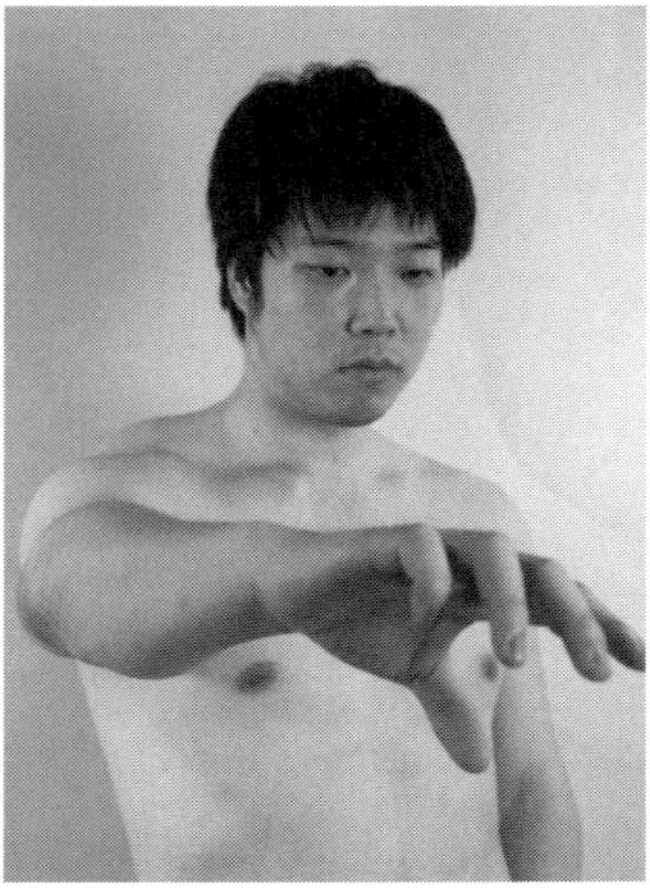

右の写真は、脇が開いた状態だが、「背筋を伸ばして、肩が落ち、肘が絞られている」ため、脇が締まっているといえる。

れば、脇の形に関係なく、「脇が締まった」状態になります。

これについて実験するには、腕を前に出し、それを正面に立った相手に下から支えてもらいます。そして、第一、第二の軸と、肘の絞りを使うことで、腕が重くなることを確認します。ぜひ、行ってみてください。

▼肘の絞り

肘の絞りの大切さは「腕は伸ばして使う」という大前提に不可欠なものです。肘の骨が横に向いていると、腕は肘を支点に横に振る形でしか伸ばすことができません。肘の骨を下に向けてこそはじめて、腕を正しく伸ばすことができるのです。必ず肘の骨は下に向く、あるいは手のひらと同じ側に向けてください。


肘の向きによって使われる筋肉が違います。単純なことですが、これを理解しているかどうかで動きの質が変わってきます。例えば、バスケットボールのチェストパスは基本中の基本ですが、肘の絞りのあるなしで、まったくキレが変わってしまいます。また、剣道での打突も、ブレのない正確で強い打ちをするには、肘の絞りが不可欠になります。

「腕は伸ばして使うもの」ということについては、後ほどもう一度触れます。

肘の絞りと肘関節の伸展

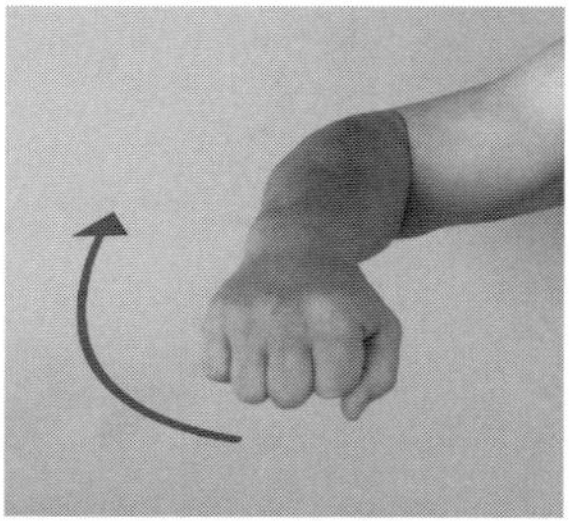

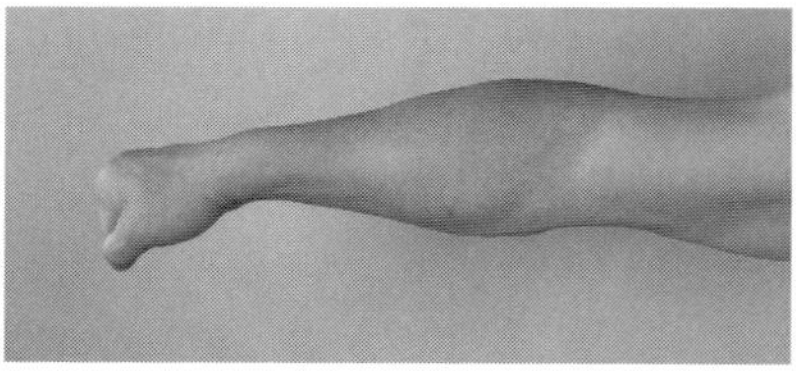

肘の骨が横を向いていれば、肘関節の伸展によって、前腕の運動は横へ広げる動きになり、当然力は正面に向かわない。

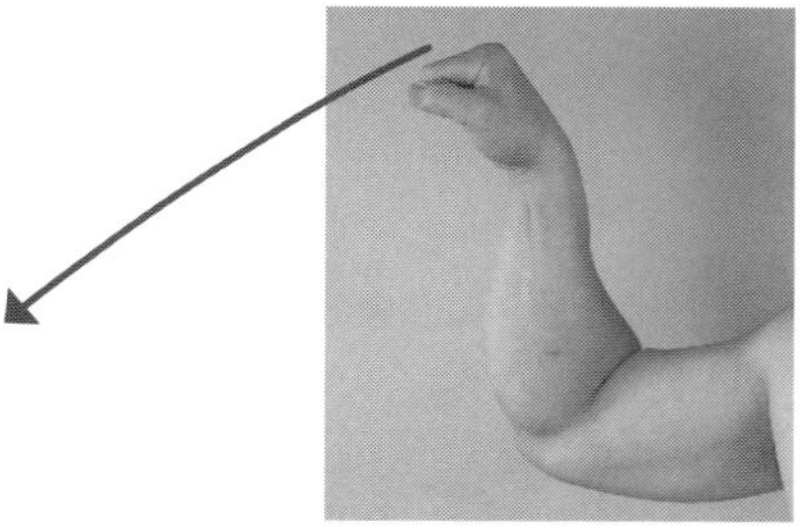

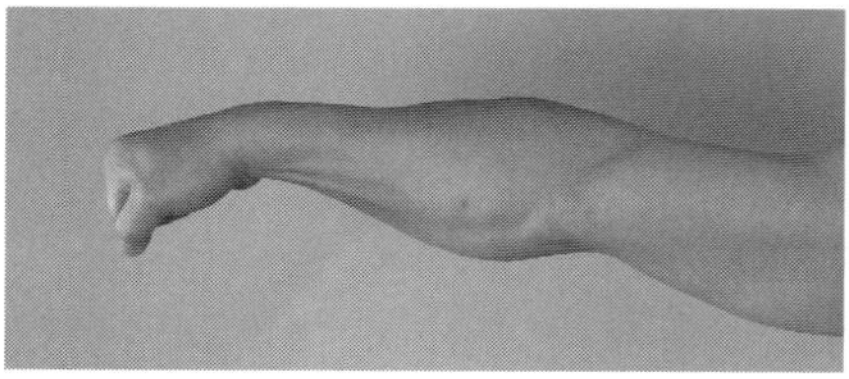

肘を絞って、肘の骨を下に向けた状態ならば、肘関節の伸展によって、力は正面に向かう。

肘を絞るトレーニング1

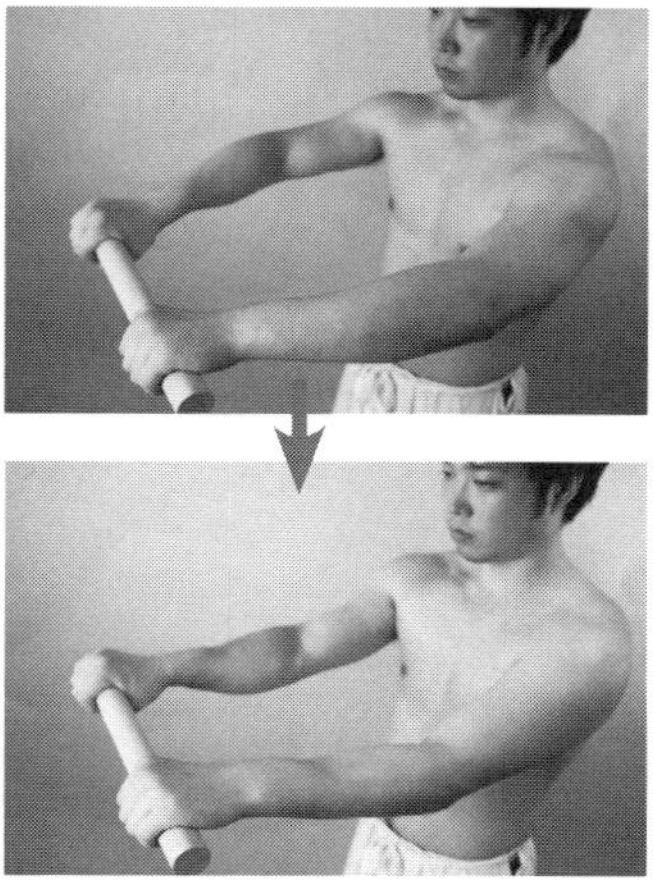

両手で棒を掴み、肘が下を向くように上腕を内旋させる。
このトレーニングは、第一、第二の軸の強化にも役立つ。

肘を絞るトレーニング2

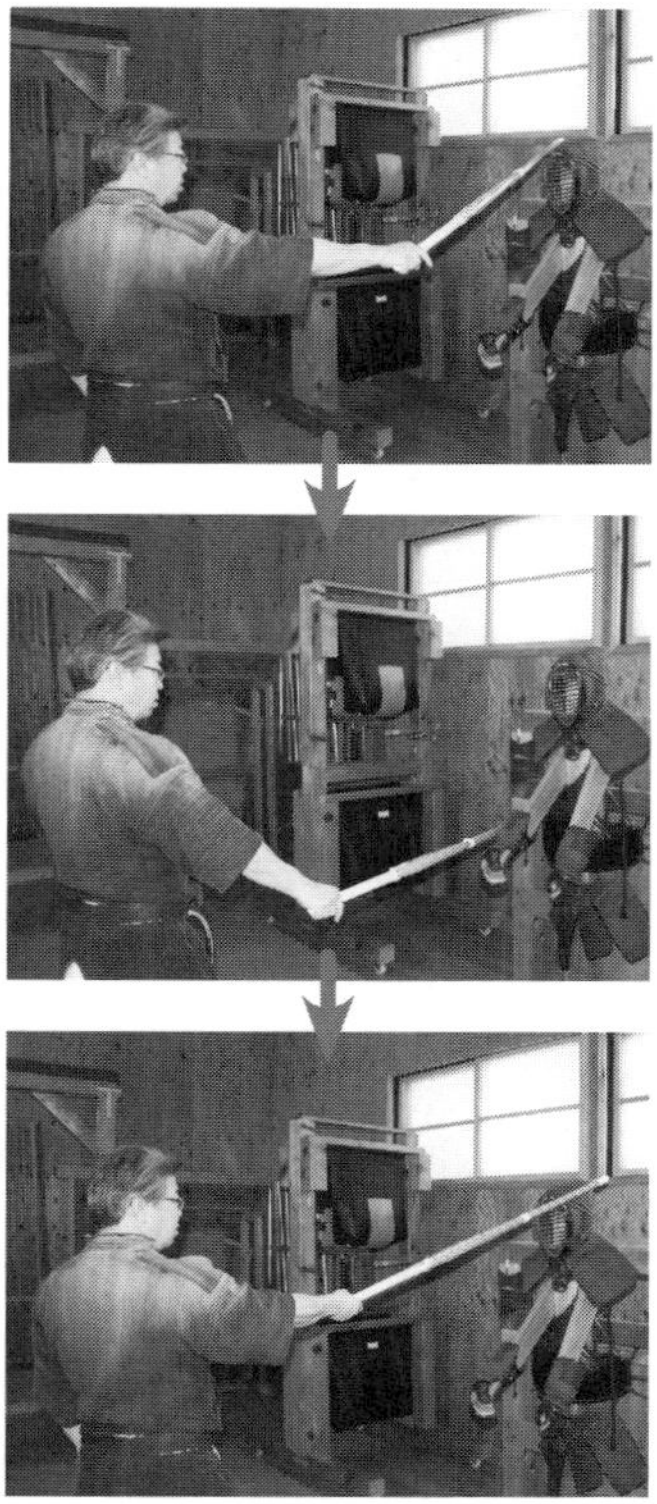

竹刀や棒を使って、肘を絞ったまま多くの目標を叩く。

▼人差し指へのライン

第三の軸を作るための、もう一つの要素として「人差し指へのライン」があります。これは第三の軸そのものとも言える意識のラインです。本書は合気道をテーマとしていますが、空手の突きや日本刀の握り方を例に説明した方が理解が早いかと思います。

実際に突く必要はありませんが、腕を伸ばしたまま壁に拳を当てて、体重をかけてみてください。拳は胸の前で、拳の甲を上を向けます。

最初は、拳面全体を壁に付け、肘を外に向けてください。

次に、第一と第二の軸を作ります。特に、背中を丸めないことと、肩を前に出して、下におろすことを意識してください。すると、体重が拳に伝わっている感じが強くなるはずです。

さらに、肘を下に向けて、肘の絞りを作ると、さらに体重が拳に伝わるようになります。

最後に、拳の小指を締めてみてください。人差し指の付け根に体重が集中して乗る感覚があるかと思います。この時、肩から人差し指へつながるラインが意識できるのではないでしょうか。これが「人差し指へのライン」です。

日本刀を握る際も、小指を締めて握ることがコツと言われますが、これは斬る際に人差し指へのラインを作り、体重を乗せるためのコツであると言えます。

人差し指へのライン

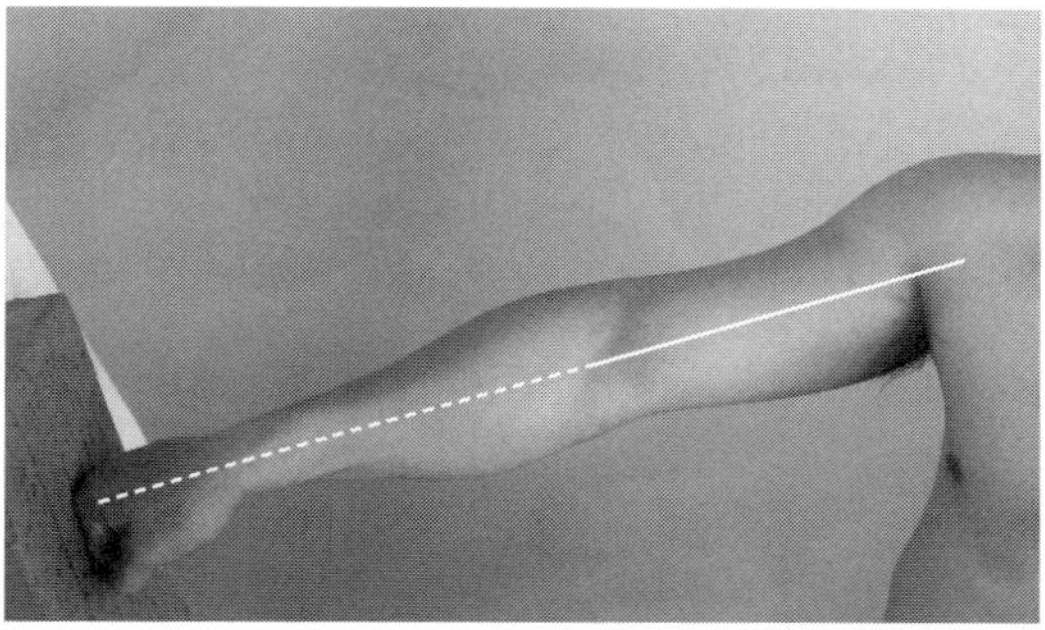

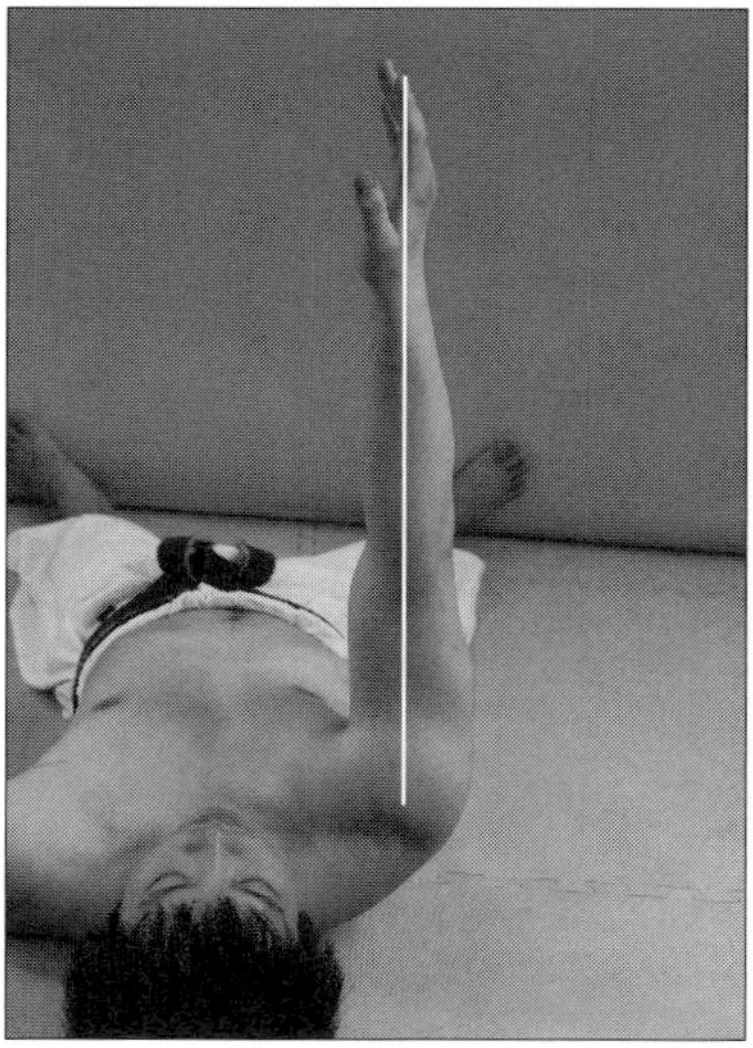

人差し指へのラインは、腕の表面ではなく、中心を通っている。
上腕骨、肘関節、交叉した前腕の骨、人差し指の拳頭までの骨格の中心を貫き、対象物に力をロス無く伝える。

▼両腕が有効に働く範囲

第三の軸は、腕を通して指先まで力を通すラインです。しかし、その軸を維持できる範囲があることを覚えておきましょう。

第一、第二の軸を作り、両腕を前に伸ばした状態から、両手を外に徐々に開いていってください。

両腕を開いていくと、肩の前固定を維持できなくなる角度が来ます。個人差はありますが、だいたい90度前後です。これ以上広げてようとすると、左右の肩甲骨は閉じてしまいます。肩甲骨が閉じてしまうと、第三の軸は消えてしまいます。

ですから、腕を有効に使える範囲とは、第三の軸が維持できる範囲と言うことができます。あらゆる種目でも、腕に体重を乗せようとするのであれば、肩甲骨を広げた状態を維持することが必要になります。例えば、テニスやスキー、アーチェリーなども肩甲骨の位置や動きを意識しなければならないのです。

第三の軸を使うということは、腕の力のみではなく背中全体の力を使うということです。そして、その力は腰力を腕に伝える第二の軸があってこそ生きてくるのです。

腕の有効範囲と肩甲骨

腕の広さは約 90 度前後が目安となります。それ以上広げると肩甲骨は閉じてしまうため、第三の軸は消えてしまう。
あらゆる腕を使った動きは、腕を広げすぎないようにしなければならない。

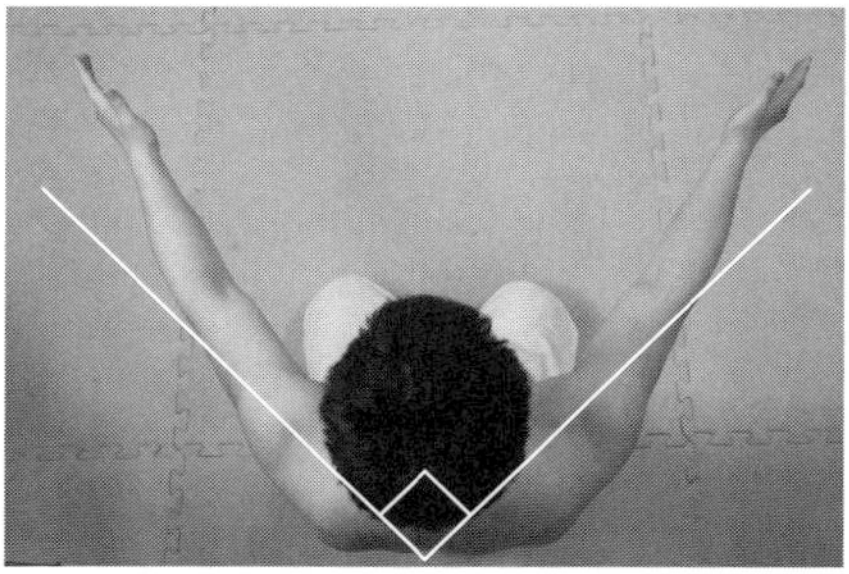

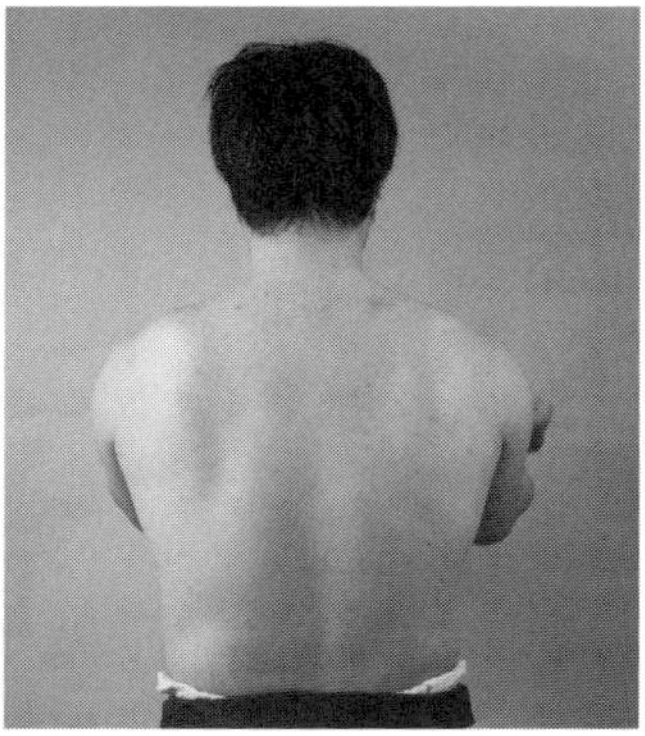

空手の型の「三戦（サンチン）」は、肩甲骨を開いて腕を使うことを教えている。

▼腕は伸ばして使うもの

「腕は伸ばして使う」ことは、意外に大切なコツです。とは言え、普段ほとんど認識されないことなので、多くの人にとってピンとこないことだと思います。

腕は肩関節の構造によって、様々な方向に向けることができます。肩関節は球関節ですし、肩関節の土台である肩甲骨は自由度の高い構造になっています。

しかし、よく動く関節ほど、強度に問題が出てきます。肩関節は脱臼しやすいのです。とくに、第三の軸の意識がない時ほど、脱臼しやすいと言えます。

人間の腕は、外に開いたり（水平外転）、内に閉じたり（水平内転）することができますが、その力はさほど大きくありません。腕は、そもそもヘソが向いている方向へ伸ばすことが得意なようにできているからです。

また、腕を開く動作、閉じる動作は、体幹の捻れを伴いやすく、第一の軸が崩れてしまいやすいことも、力を出せない理由です。

このような理由から、腕を外に開く力や、腕を内に閉じる力は、腕だけの力になりやすく、極力使わないようにする方が合理的です。

腕は伸ばして使う

肩から腕を動かす場合、腕の構造上、ヘソが向いている方向へ伸ばすことが得意である（右写真）。

これに比べて、腕を肩関節で閉く（右下写真）、閉じる（左下写真）動作の力は小さい。

※テニスのように腕を横に振る動作をする場合は、肩を前固定し、第二の軸で腕を体幹に固定したまま、身体を回す力で腕を振って、ボールを捉える。
腕で横に振って見えるのは、フォロースイングの部分である。

腕を伸ばす力

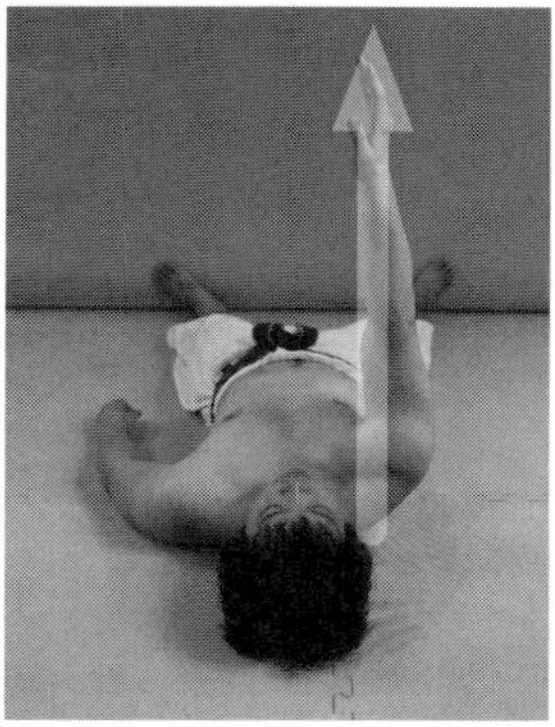

腕を閉じる力

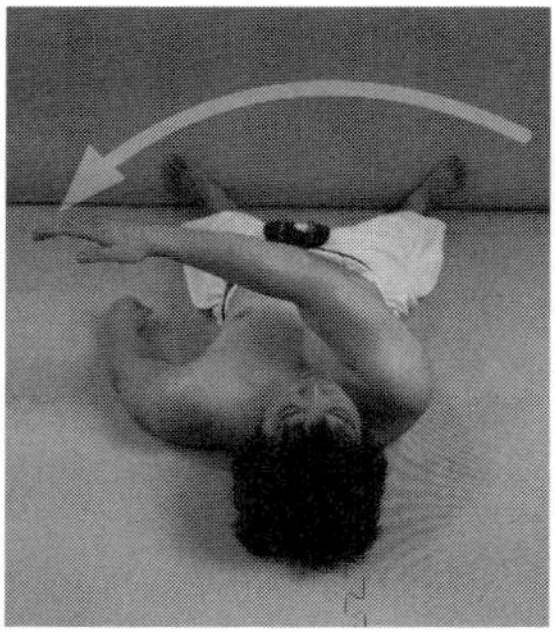

腕を開く力

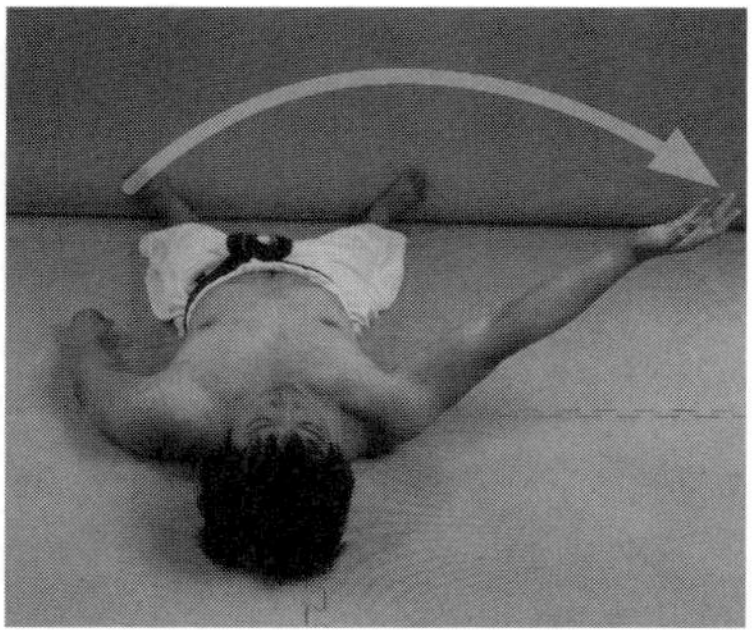

▼腕は背中で伸ばす

腕を前に伸ばすときに、背中を丸めて前かがみになると強く押せる気がします。しかし、実際には体重が乗せられず、また居着きやすいので、武道的には不利です。

そこで、「腕を背中で伸ばす」という意識を持ってみてください。

首の後ろ固定で、背骨の一番出っ張った部分を凹ませることと、左右の肩甲骨を開くことをお話ししましたが、腕を前に伸ばす際に、この意識をとくに強く持つと、軸を維持したまま腕を伸ばすために役立ちます。

腕を背中で伸ばすという意識は、手に体重が乗せやすくなるだけではなく、腕を伸ばす力も引き出します。

曲げた腕を前に伸ばす動作を、猫背と、背中で伸ばした状態で比べてみましょう。

まず、猫背で試してみて、次に背中で腕を伸ばす意識で試してみます。どちらが簡単に腕が伸びましたか？　背中で伸ばした方が、楽に腕が伸びたはずです。

これには、屈筋と伸筋の関係も深く関わっていますので、後ほどお話しします。

背中と腕の伸び

背中を伸ばして腕を伸ばす

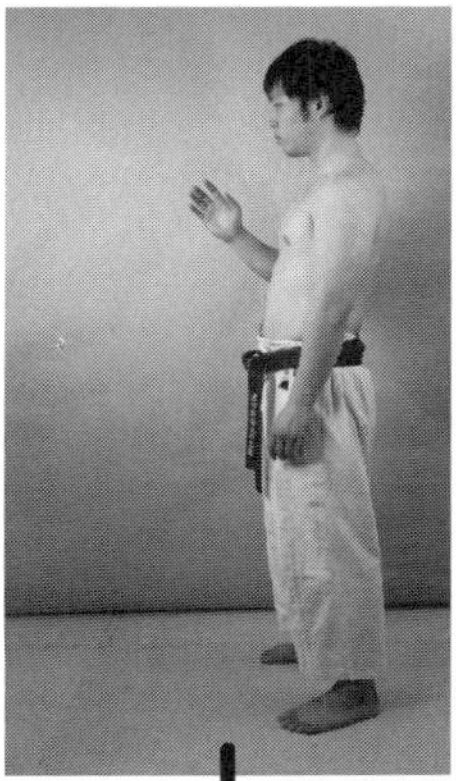

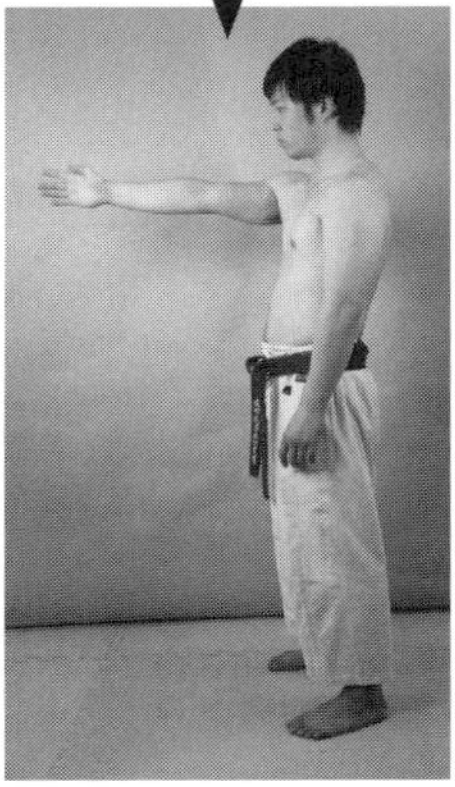

背中を伸ばした状態で、腕を伸ばす場合、自然に手を前に伸ばすだけで肘が完全伸展する。

猫背で腕を伸ばす

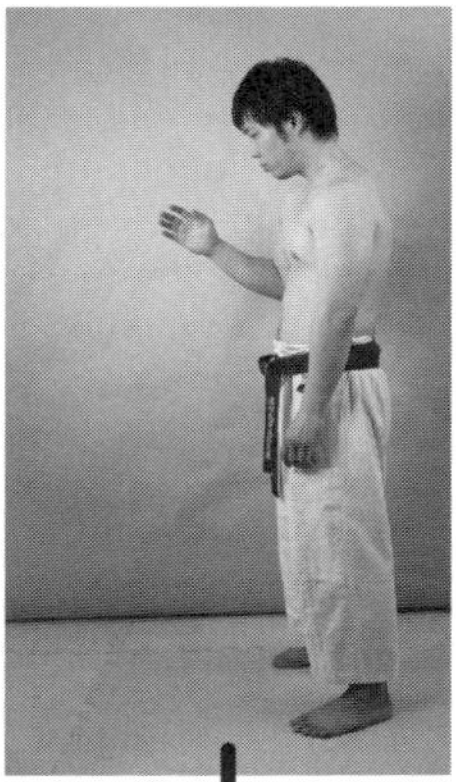

背中が丸まっていると、腕は十分に伸びない。腕を完全に伸ばそうとすれば、上腕三頭筋に余分な力を入れなければならない。

さらに、人差し指のラインの意識も加えて、次の実験をしてみてください。

まず、指先を上に向けたまま、腕を前方に伸ばします。それから、指先を目的地に伸ばすように意識しながら、腕を伸ばしてみてください。これを、誰かに抵抗をつけてもらって行います。どちらのほうが簡単に伸びましたか？　指先を目的地に向けた方が、軽い力で腕を伸ばせたはずです。

この法則は、合気道における様々なシチュエーションで使われています。

例えば、合気挙げでは、手の指は手が挙がる方向に向かっていなければなりません。

また、下の写真は一本捕りですが、相手の右肘を抑える左手は指先が常に相手を崩す方向へ向いています。

その他の技でも、腕を伸ばすときに、指先を意識することで、技のスムーズさが変わることがありますので、ぜひ様々な技で試してみてください。

指先で意識を導く

目的地に指を向けて伸ばす

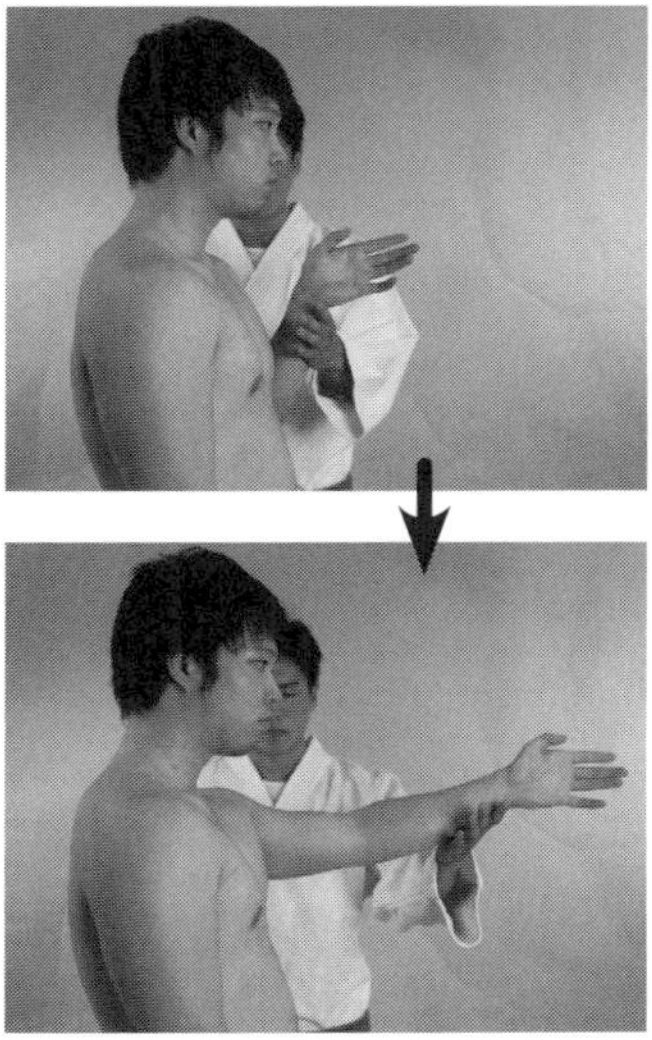

指先を目的地に向かわせることで
意識を増幅させることができる。

指を上に向けたまま伸ばす

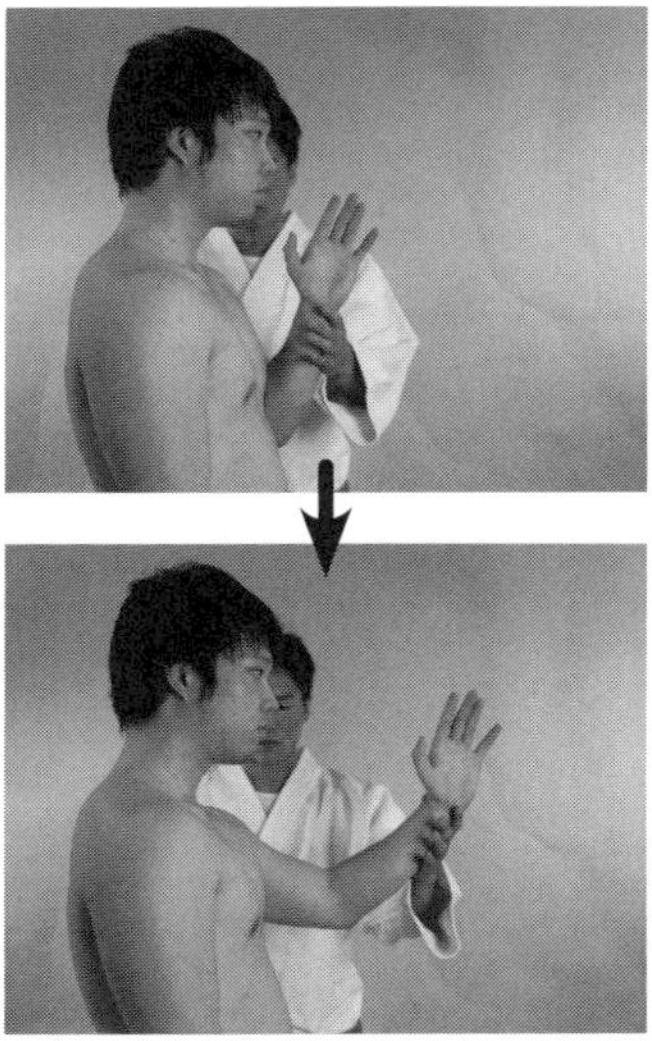

指を上に向けたままでは、抵抗を
強く感じる。

▼肘を絞ると伸筋が優位になる

第三の軸を使って、腕を伸ばす実験について補足します。

「肘を絞る」ことで腕が伸ばしやすくなるのは、腕の伸筋が優位になるからです。腕の伸筋は上腕の裏側にある上腕三頭筋です。これが収縮して、肘関節を伸展させます。

背筋を伸ばす筋肉は、体幹の伸筋です。伸筋は、伸筋同士で協調し合う性質を持っているので、背中で腕を伸ばすことは、背中と腕の伸筋を同時に使うということでもあります。

反対に、手のひらを自分の顔に向けた状態では、腕の屈筋（上腕二頭筋）が優位になります。ダンベルなどを持ち上げる動作を思い出してもらえれば分かりやすいかと思いますが、普通、手のひらの向きは顔の方を向き、逆向きだと力が入りにくく感じるはずです。

腕を前に伸ばす、突き出す、振り出すという動作では、全身の伸筋を動員したいので、背筋を伸ばすべきなのですが、手のひらの向きだけも、身体の機能をより発揮するための重要なポイントになるのです。

協調しあう屈筋

ダンベルを上げる

ダンベルを持ち上げる動作を観察すると、腕の屈筋群だけでなく、胸筋や腹筋などの胴体の屈筋群や首の屈筋群も協調して働いていることがわかる。

◆第四の軸——股関節〜足

▽脚を強くする軸

第一の軸を作ることで、第四の軸も作られます。第四の軸は、骨盤から下の意識を強める軸です。

第四の軸を作るうえで大切なことは、仙骨の締めです。仙骨の締めによって、股関節も締まります。さらに膝の絞りと足首の締めによって、脚に第四の軸ができ、腰と足の指までをつなぐラインを作ります。

第四の軸の意識ができると、しっかりと地面を捉えることができ、地面から腰へ力を伝えることができます。この時、腰力ができていることで、地面から得た力は第二の軸を通って腕に伝わることになります。

武道で教えられる歩法は、予備動作をせずに前に出るとか、下腹から前に出る、肛門を締める力で前に出る、というような表現がされることがありますが、この第四の軸を意識できるようになると、これらの表現が納得できるようになるはずです。

第四の軸

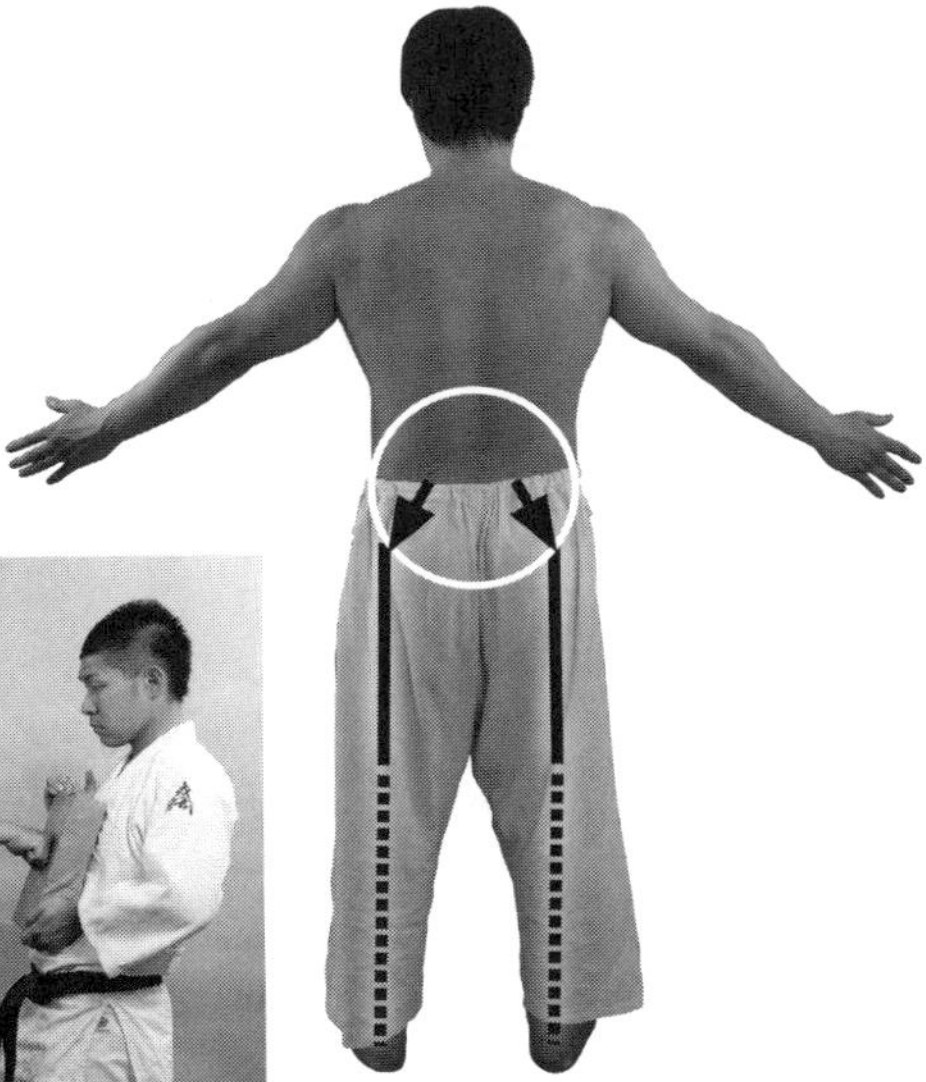

仙骨を締めると、股関節が締まる。この関係によって、腰力がダイレクトに脚に伝わる構造になり、反対に地面を捉えた足の力がダイレクトに腰力に伝わる。この力が第一、二、三の軸を通って、相手に伝わることになる。合気道で手刀受けをするときに、「肚から前に出る」と表現されるが、これは腰力と第四の軸によって体現できる。

▼股関節の締め

仙骨を締めると、股関節の可動域が狭くなり、強度が高まります。これは、大腿骨の骨頭に絡み付く腱が、仙骨の締めによって強く締まり、股関節の窪み（関節臼）にしっかりとはまり込むためです。

逆に、仙骨を返すと股関節が緩むため、可動域は広がりますが、強度は下がります。

また、仙骨を締めると、骨盤が締まり、左右の股関節が中心に近づきます。さらに、太腿の内側の内転筋を活性化させます。これらの働きによって、骨盤を安定させるのです。

脚の骨格

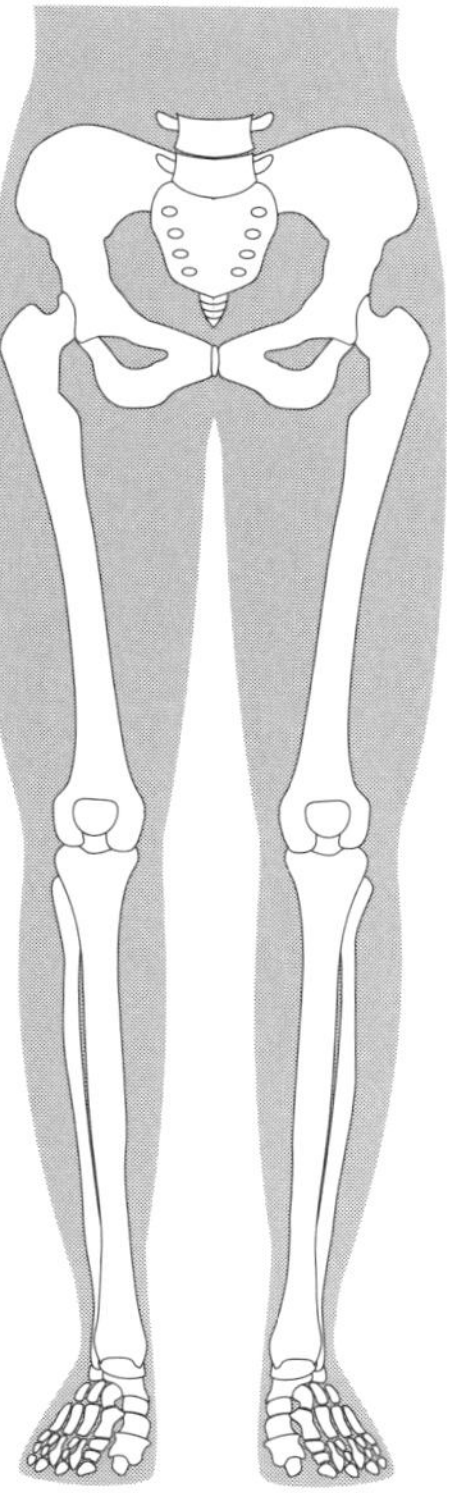

股関節は、骨盤の窪みに大腿骨の骨頭がはまる構造になっていて、可動域の広い関節。
膝関節は、ほぼ一方方向にしか曲がらない構造。膝が曲がる方向は、つま先の向きとほぼ一致する。

▼膝の絞り

膝関節は、内寄りと外寄りのどちらに重心を乗せるかで、その評価がまったく変わります。膝の下には２本の骨があります。内側の脛骨は太く、外側の腓骨は細いので、体重を支えることに適しているのが脛骨であることは見た目にも明らかです。

仙骨の締めによって股関節が締まると、自然に体重が膝の内側にかかります。すると、膝が正面を向きます。これが膝の絞りです。

▼足首の締め

立っている時に地面に触れているのは、足裏です。膝と同様に、足裏も内側と外側のどちらに重心を乗せるかで、その評価がまったく変わります。

これも足の骨格を見れば一目瞭然ですが、足の親指と小指とではかなり大きさが違います。また、足の内側には土踏まずというアーチ構造が備わっているので、体重を支える機能を持つことは明らかです。つまり、足裏も内側に重心がかかることが理想となります。

仙骨の締めをすると、股関節の締め、膝の絞りによって、重心は脚の内側に寄せられます。これで足裏の内側に重心が乗ります。

加えてもう一つ、意識をして欲しいのが、足の親指で地面を掴むことです。地面を足の親指で掴むと、土踏まずが高くなります。また、足の親指を曲げる筋肉はふくらはぎにあり、その腱が足首を通って親指にまで繋がっています。

つまり、足の親指で地面を掴むことで、足首の可動域が狭くなり、強度が高まります。これが足首の締めです。

▼第四の軸が足の親指まで届く

仙骨の締め、股関節の締め、膝の絞り、足首の締めの順に説明してきましたが、これらの意識を強くしていくと、股関節から足の親指までつながるラインが分かってくるかと思います。ここに、踵の使い方も関係してくるのですが、これについては後に紹介する練習方法で触れることにします。

◆軸と重心

▽重心について

重心の位置が高くて良いことは何一つもありません。

普段の生活の中で、「のぼせる」「舞い上がる」「緊張する」「相手に飲まれる」「雰囲気に飲まれる」などの表現は、すべて重心が上がったときの心理状態を表します。

本書は、合気道に活かすために、まずは軸を作ることについてお話ししていますが、これまで紹介してきた、軸を作ったときの変化を体感する実験を通して、重心の高さの変化を感じた方もいることでしょう。あるいは軸ができたことで、気持ちに余裕ができたように感じた方もいるかもしれません。

重心は、姿勢を変えることによって、その高さを変え、心の持ちようにも影響を与えます。その逆も然りで、心の持ちようによって、姿勢や重心の高さが変化することもあります。

緊張すると前かがみになる人がいますが、姿勢が崩れて重心は上がってしまいます。

姿勢が良くなると、重心が下がり、気持ちも落ち着いてきます。

武道においては、「相手が大きく見えたら戦うな」と言われますが、実力が自分より上で、重心が低く安定している相手を目の前にしたときの心理状態だと言えます。

重心と心理状態は、相対的な問題でもあるということです。

武道では、打撃系であっても、組み技系であっても、重心が低いことは有利です。

打撃系ならば、地面から得た力を相手にぶつけることになり、組み技系では、重心が低い方が、相手の重心を引き込むことができるので、やはり有利なのです。

これには、相手の体勢の崩れやすさも関係しています。重心の位置が高い縦長の構造体は、高い位置に外力が加わると揺れやすいものです。胸や頭に重心がある者が胸や頭を押し引きされると、比較的簡単に体勢を崩します。

また、重心を支える柱の中程に外力を受けると、そこから折れやすいともいえます。例えば、中段に重い突きを受けると、身体の軸が折れ、体勢を崩しやすいわけです。

体勢が崩れてしまえば、動きの自由度を奪われ、後手後手に回ることになります。無理に反撃しても威力は望めませんし、悪くすればそこにつけ込まれて決定的な一撃や投げを受けることになりかねないのです。

この意味では、武道とは重心の低さの争いであると言えるのかもしれません。

重心の位置関係

組み技での重心位置

低い重心に相手の重心は引き付けられる。

打撃での重心位置

低い重心の方が、効果的な打撃を打てる。

重心が高い縦長の構造体は、揺れやすい。

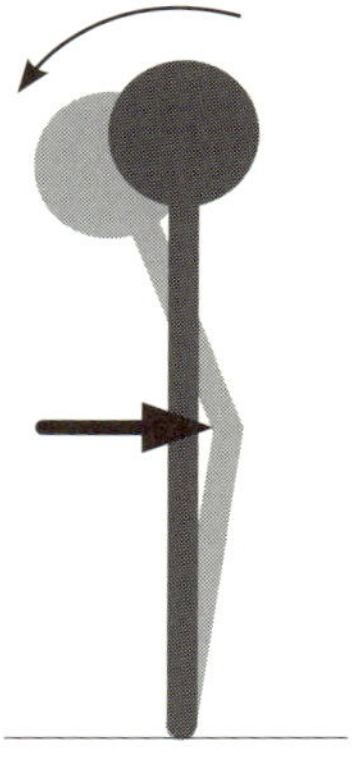

重心が高い縦長の構造体は、柱が中折れしやすい。

▼もう一度四つ相撲で軸の効果を実感

では、4本の軸の説明の最後に、第一の軸で行った四つ相撲の実験を、もう一度行ってみましょう。今度は、第一の軸だけではなく、第二、第三、第四の軸の全てを意識して行ってください。第一の軸の実験のときよりも、格段に安定が良くなっているはずです。

余裕のある人は、内臓を下に下ろすイメージで、息を足の裏に吹きかけ、重心をさげてみてください。

さらに、余裕のある人は、軸の意識だけ維持して、他の余分な力みを抜くことにトライしてください。全く力んでいなくても、相手の力に耐えられるようであれば、上手くできていると言えます。

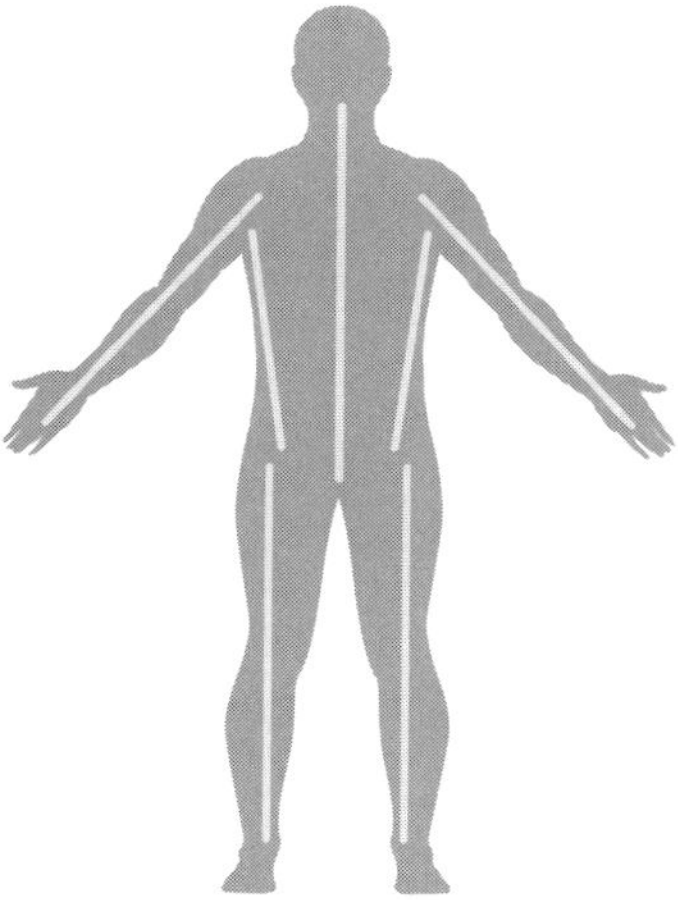

第2章

軸を鍛えるトレーニング

「軸トレ」

◆軸トレと脱力

この章では、軸の意識をより強くするためのトレーニング「軸トレ」を紹介します。一見して、ただの筋トレに見えるものが多いのですが、軸の意識を加えることで、また違ったトレーニングになります。

また、軸トレは、動きの中で身体の軸を維持したり、使ったりするための練習でもあります。止まった状態で軸が意識できても、動き始めた瞬間に軸が崩れてしまっては、意味がありません。ゆっくりと動くときにも、素早く動くときにも、軸を自在に使えなければ、武術の技に応用できないものです。

紹介する稽古は基本的なものですが、軸の意識を持って、継続によって必ずや結果が伴うでしょう。

▽軸があるから脱力できる

軸トレを行う必要性について、脱力という観点からお話をしておきます。

合気道では、相手に悟られずに技をかけるための考え方として、「相手に触れている部分の力みを消す」というものがあります。合気道は、基本的に相手に触れた状態で技をかけるので、手に力みがあると、それが伝わって相手に技のタイミングがバレてしまいます。

部分的であれ、脱力ができていれば、合気道の技のキレはよくなります。

さて、脱力とは力を抜くことですが、大切なことはまず力入れることです。まったく矛盾したこと言っているようですが、力を入れる段階を経ずして、脱力が分かることはないと考えています。

「禅」では、「まず全身を火の玉にしろ」と習います。もうこれ以上力を入れることができなくなったその後に、「脱力」が訪れるというのです。

私も数千時間、禅を組んで色々と試していますが、「脱力」を得るまで全身に力を入れ続けることは難しく、何度か脱力を体験できたくらいです。「無」になろうとして頭を疲れさせることも難しいことでした。

限界まで力を込めると言えば、ウェイトトレーニングを思い出す人もいるでしょう。

私は若い頃、肉体的な自分の限界を知るための研究としてウェイトトレーニングを行ったことがあります。ベンチプレス１４０kg、片腕で30kg程度のものは持ち上げられ、握力は75

kgはありました。その経験から考えると、ボディービルダーやパワーリフターのような鍛え方と意識の置き方では、体幹や脚、腕などそれぞれ部位が独立してしまい、脱力を得ることは難しいように思います。

では、脱力のための第一歩として、何をすればよいのかと言えば、それは軸を作ることです。軸を作るということは、言い換えれば、必要最低限の力で効率よく身体を支えられるラインを探すことでもあります。本書の中ですでに体験してもらったように、軸の意識ができているると、押されても力まずに立っていられる感覚があったはずです。

軸を作ることで、必要最低限の力で立ったり、歩いたり、腕で何かを押したりができれば、不必要な力＝力みは必要がなくなります。これが脱力の入門段階です。

今、合気道は「脱力」とか「力を使わない」という話が先行しすぎて、入門段階や中途半端な段階で「脱力」を目指してしまう人がいます。「脱力」によって合気ができるのは、達人と呼ばれるレベルの人たちであって、入門者がいきなりそれを行うのは無理があります。

しかも、達人と呼ばれる人たちも、若い頃は激しい稽古を毎日のように行っていたはずで、最初から脱力を目指していたわけではありません。なかには、腕立て伏せ、腹筋運動などの、一般的に筋力トレーニングと言われる稽古を晩年まで続けた方もいたようです。達人レベルの人たちが行う筋トレには、筋力の維持という目的もあったのでしょうが、身体の軸を鍛え、脱力を得るための稽古だったのかもしれません。

忘れないで欲しいのは、脱力のために一切、身体を鍛えないというのは、間違っているということです。脱力を得るためには、身体を鍛えなければならない。この矛盾を身体に取り込めたとき、本当の脱力の世界が開けるのではないでしょうか。

◆重心移動（3種）

この稽古は、軸によって体重を伝える基本的なものです。

前、下、斜めの、三方向へ体重を移動させます。相手に自分の体重を伝える方法の基礎です。一般的な合気道の動きは、基本的にこの組み合わせからできていると言ってよいでしょう。

▽壁押し（前方への体重の移動）

壁の正面に立ち、腕を真っ直ぐに伸ばして片手で壁を押します。伸ばした腕と同じ側の足が前になるように、足を前後に開きます。足のつま先は両足ともできるだけ正面に向けます。前脚の膝を内側に倒さないように注意します。

この姿勢で、４本の軸を作ります。

まず、第一の軸を仙骨の締めと首の後ろ固定、腰力で作ります。次に第四の軸が、股関節の締め、膝の絞り、足首の締めによってできていることを確かめてください。

両肩を前固定して、肩甲骨を下げ、胸の上部をつり上げるような意識をします。そして、肩から腰までをつなぐ第二の軸が通ったことを確かめてください。さらに肘の絞りと小指の締めを行って、人差し指の付け根から肩をつなぐ第三の軸を確認してください。

4本の軸が確認できたら、後ろ足で床を押して、前に体重を移動させて手で壁を押します。後ろ足はつま先ではなく、踵で地面を押すようにしてください。これで第四の軸がより強く感じられるはずです。この時、重心が上がってしまわないよう、できるだけ下に落とすことを意識してください。

壁を押す瞬間に、下腹に腰腹同等の力が入るようにして、その力（腰力）が第二、第三の軸を通って壁に伝わるように意識します。

背中で腕を伸ばすことを忘れてはいけません。壁を押すことに気を取られて、猫背で腕を伸ばしやすいところです。猫背になると、肩が上がって力んだ格好になります。

また、左右どちらの肩も後ろにさがらないように注意してください。壁を押した反作用で手を着いた側の肩がさがってしまわないように、肩の前固定と肩甲骨を下げる意識をしてください。反対に、手を着いた側の肩を出すことに気を取られて、反対側の肩が後ろにさがってしまうのも良くありません。体幹が捻れて力が逃げてしまうからです。

後ろ脚で床を押そうとすると、腰を返したくなる人もいます。腰を返したほうが強く押せるように感じるかもしれませんが、腰に負担を掛けるだけで、強くは押せません。

壁を押す際に空いている手で自分の臀筋に触れてみるとよいでしょう。仙骨を締めていると、臀筋が強く収縮し、股関節をしっかりと支えていることが分かると思います。反対に、腰を返してみると、臀筋の緊張が弱くなり、人によっては完全に緊張が抜け、股関節を支える力を失ってしまうことになります。

合気道では、理想的には相手の身体に接触する部分である手に力を入れてはならないのですが、壁押しの稽古をする際は、最初は力を入れても構いません。軸が通っていることを身体で理解するために役立つからです。

軸だけで身体を支えられることが実感できた段階で、力を抜いていくとよいでしょう。また、呼吸と意識を、丹田や足の裏に向けて落とす稽古も同時に行うとよいでしょう。

応用として、体重をかける方向と手を着く位置を若干左右に移動させた状態で、同じように壁を押してみてもよいでしょう。真正面が最も強いのですが、常に相手の正面で技がかけられるとは限らないからです。

両腕を開いて90度を超えない範囲であれば、第三の軸を崩さずに壁を押せるはずです。

壁押し

打撃での重心位置

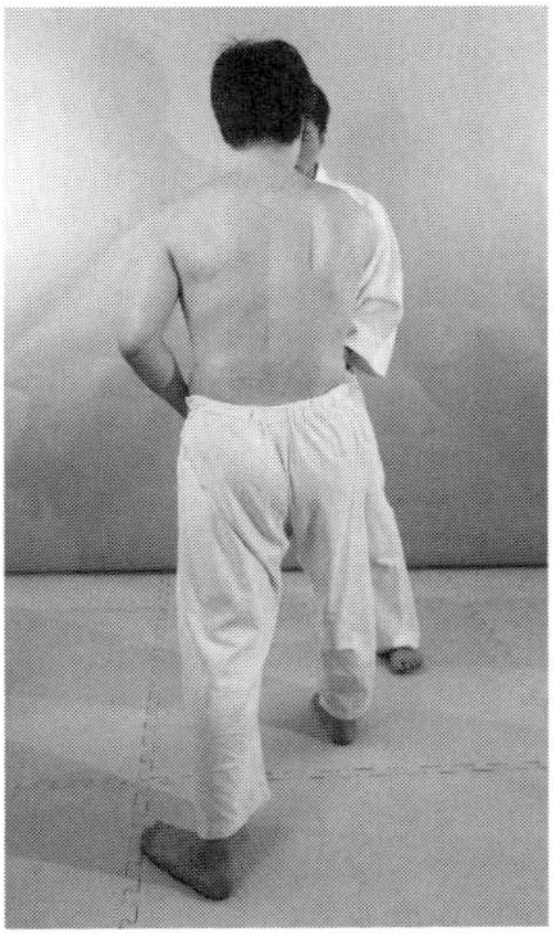

壁（写真では壁役の相手）を押す瞬間に腰腹同等の力を入れ、同時に肩を出す。
肩を出す時、肩甲骨を下にさげ、同時に大胸筋の上部を上に吊り上げるように意識すること。

肩は上げないこと。肩が上がると腰からの力が伝わらなくなってしまう。
肩甲骨を下げ、肩を前に固定されていなければならない。

▼補足1　踵による踏みつけ

　一般的に、前に体重を移動させようとすれば、つま先で地面を蹴り、踵を上げるものです。しかし、私が紹介するのは、逆にわずかに浮かせておいた踵を踏みつけ、前進するものです。

　つま先で地面を蹴る動きは筋力に頼った居着きやすい動きになります。踵で踏みつける動きは、「居つき」を軽減することができると同時に、重心を下げやすいという利点があります。

　踵で踏み込むときに、膝をきちんと伸ばすように意識し、さらに尻の下部を膨らませるように意識すると、より鋭く動くことができます。

　前進稽古にも応用できるので、ぜひ試してみてください。

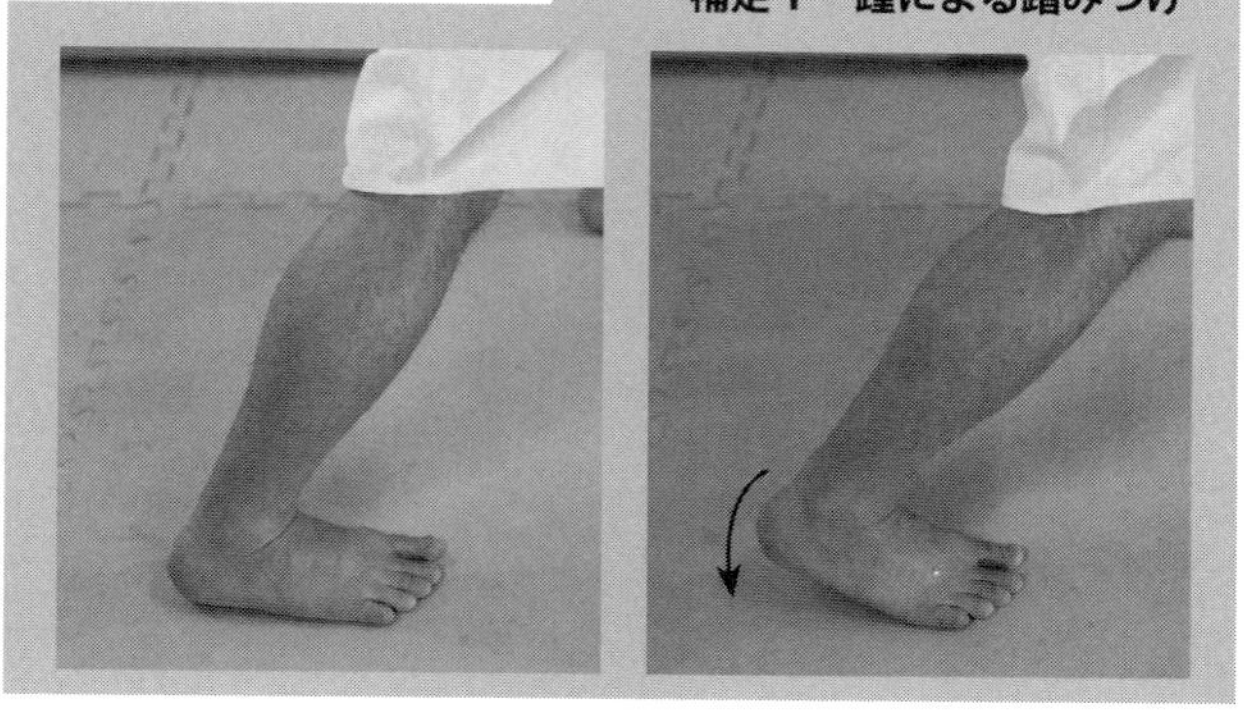
補足１　踵による踏みつけ

▼補足2　前脚の膝を内側に倒さない

後ろ脚で踏み込むとき、前の膝を内側に倒さないように注意すること。膝を内側に入れると、股関節が捻れ、他の部位にも捻れが起きてしてしまいます。特に、肩と股関節は連動しやすく、前脚の膝が内側に倒れるだけで、せっかく作った軸が崩れてしまうのです。

また、膝を内側に入れるとブレーキが掛かってしまいます。脛の骨が床に垂直に立っていれば、スムーズに重心が前に移動できます。

膝関節は膝頭が向いている方向に曲がる構造なので、重心を移動させたい方向を向いている必要があります。親指に重心を乗せようとすると、膝が内に入ってしまう傾向があるので、慣れないうちは膝を外側に開くつもりで構えるとよいでしょう。壁を押す稽古で、膝の使い方もしっかりと覚えてください。

ポイント２　前の膝を内に入れない

▼補足3　後ろ脚の軸を確認する

壁を押す姿勢では、軸足は後ろ足になります。この後ろの膝のぐらつきを確認してください。

4本の軸が作られていて、仙骨が締まっているなら、後ろの膝を横に振っても動かないはずです。仙骨を反って軸がなくなっていると、後ろの膝は簡単に動いてしまうでしょう。

実験的に、壁を押す人は仙骨を反したり、仙骨を締めたりしてみてください。違いを体感できるはずです。

コツは、腹筋に力みが入らないようにすることです。初めはどうしても鳩尾《みずおち》あたりに力みが出てしまいますので、背中を意識してください。

対象に伝えるべき力は腕力のみでなく、体重（体全体）が総動員して行なわれることが理想であることは言うまでもありません。

補足3　後ろ脚の膝

島津義弘の祖父・忠良《ただよし》が「心こそ戦する身の命なれ、揃ふれば生き、揃はねば死す」と言ったようですが、これは精神的な心構えのみならず、肉体的にも言えることではないでしょうか。

▼対人で押してみる

壁役の相手の胸に手を当てて同じように押しますが、今度は壁役の反撃をありとします。反撃と言っても、手足を使ってのことではなくて、壁役も軸を作り重心を落として、押し返すようにします。

最初、壁役は普通に立って、押されるのに耐えます。押す側が上手くできていれば、壁役は体勢を崩すでしょう。

しかし、もし押す側が上手くできておらず、腕力で押してしまっているなら、壁役は崩れないので、今度は壁役が軸の意識を使って重心を落として、押す側を押し返してみましょう。壁役の圧力に耐えられず、肘や肩、腰から体勢を崩すはずです。この場合、押す側は自分の腕力で自分の体勢を崩してしまっていることになります。これは、合気道において重要な原理の一つと言えます。

壁押し（対人での実験）

腕力で押してしまっている例。
相手が重心を落としてくると、
逆に簡単に崩されてしまう。

上手くできている例。
床を捉えている後ろ足と、
相手に触れている拳との間
を、4本の軸によって繋がっ
ている感覚を掴むこと。

▽落とし（下方への体重移動）

「落とし」は、軸の意識を動きの中で維持したまま、下方に落とすことが課題になります。また、第二の軸と第三の軸を通して、重心が落ちる力を脇から腕に伝えることも、この稽古で学んでほしいことです。

稽古方法は二通りあります。一つは両足を揃えて行うもの。もう一つはどちらかの足を前に出して行うものです。

自分の腰より下のものに体重をかけることは難しくありませんが、自分の腰よりも高い位置、ましてや自分の頭の位置くらいの高さになると、自分の手で体重を乗せることは非常に難しくなります。

しかし、腰の高さであろうと、頭の高さであろうと、「落とし」ができないと技が有効に使えません。合気道の多くの技に、この要素が入ってくるからです。

▼両足を揃えて行う落とし

相手の後ろに立ち、相手の両肩に両手を置きます。第一の軸を作ります。第一の軸を作ると第四の軸も作られます。さらに、第二の軸と第三の軸を作り、脇を締めます。そして、横から見たときに頭頂から膝までを一直線なるように意識して、第一の軸（＋第四の軸の膝まで）を床に突き刺すように落とします。

腕を肩の高さ以上に上げると、肘が上がったり、脇が開いたりしてしまいがちです。つまり、第二、三の軸が作りづらい体勢であると言えます。脇と腕に軸がないと、相手の触れている部分（手）に無駄な力が入りやすくなります。

第二、三の軸を作る意識として、肩甲骨を左右に広げて骨盤に向けて下ろして肩を前固定します。さらに、肘の絞りをして、「脇の締まった状態」を維持してください。

二つの軸によって、腰からの力が肩に伝わり、力みを相手に伝えることなく、自分の体重を相手に乗せることができるのです。

落とし（両足を揃えた状態）

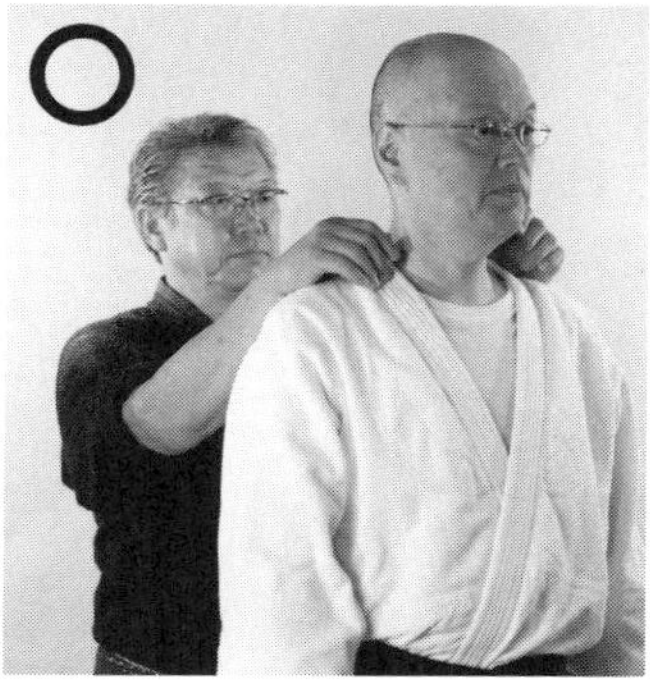

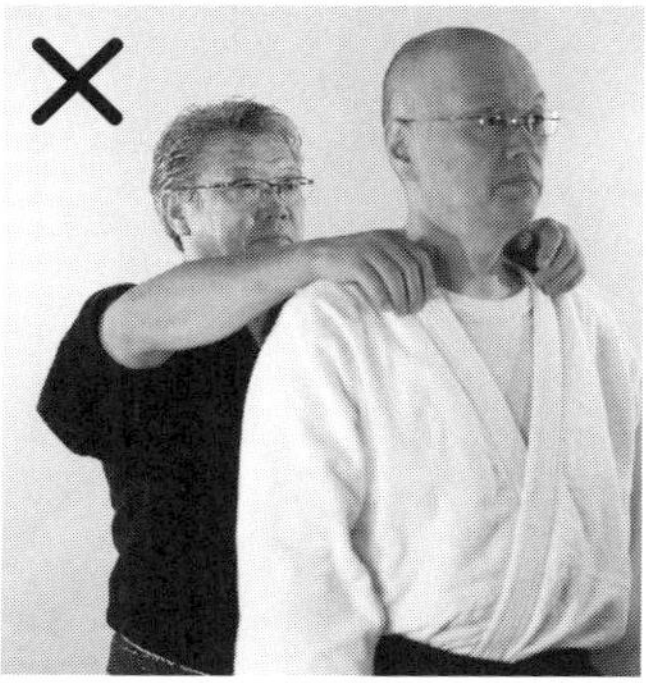

手を肩より上にあげると、肩が上がって脇が開きやすい。
第二の軸を意識して、脇を締める。

▼片足を前に出して行う落とし

相手の正面からやや横に移動した位置に立ち、片手を相手の肩に乗せ、同じ側の手をもう一方の手で持ちます。肩に乗せた手とは反対の足を一歩さげます。

つま先は両足ともできるだけ前に向けます。特に後ろ脚のつま先や膝が外側に開きやすいので注意してください。つま先や膝が開いてしまうと、体重の移動の力が分散され、自分の体重を総動員することができなくなります。

この姿勢から、両足を揃えて行った時と同様に体重を下方に落とすのですが、後ろ脚を軸足にして、前の足を半歩出しながら落としを行います。

前脚を軸にしてしまうと、骨盤が前に出ずにお尻が後ろへ下がり、体重を使うことはできなくなります。後ろ脚を軸足にすることで、若干、相手に伝わる力に前方への力が含まれることになりますが、真下に落とすように行ってください。

相手の手を持つ手（左ページの写真では右手）は、添えるだけです。主役は相手の肩にかけた手（左ページの写真では左手）です。

この稽古では、どうしても前傾になったり後傾になったりしやすいので注意が必要です。あくまでも膝から上の軸は床に対して垂直にしなければなりません。

落とし（片足を出した状態）

後ろから見た動き。ただ相手を後ろに押すのではなく、腕を左腕を通して体重が伝わっているように意識する。

横から見た動き。左右の股関節が後ろにさがらないように、下腹から前に出る。

▽壁押し（斜め移動）

まず、壁役の相手の正面に立ち、その両肩には両手を乗せます。そして、４本の軸を意識して、姿勢を作ります。

前傾しすぎたり、腰が反っていたりしては、体重を乗せられません。自分の体幹はできるだけ床に対して垂直を保たなければなりません。

この姿勢から、自分が回転する力によって、相手の片方の肩を押し込みます。

回転すると言っても、その角度はわずかで構いません。ですが、必ず回転の中心は身体の外に出します。これは最初は理解しにくいと思いますので、この後の項で解説します。

回転するときの力は、後ろ足（左ページの写真では左足）の踵から始まります。踵からの踏み込みで膝が伸び、仙骨を締めによって股関節が締まり、肩甲骨を下げ左右に広げることで、回転の力が直接腕から相手の肩に伝わります。

すると、相手は耐えられずに膝から上が捻れて、体勢を崩します。

回転の中心が自分の中にあると、力は逃げてしまい、相手に耐えられてしまうでしょう。

壁押し（斜め移動）

回転の中心軸が身体の内にあると、自分が捻れるだけで、相手の体勢は崩れない。

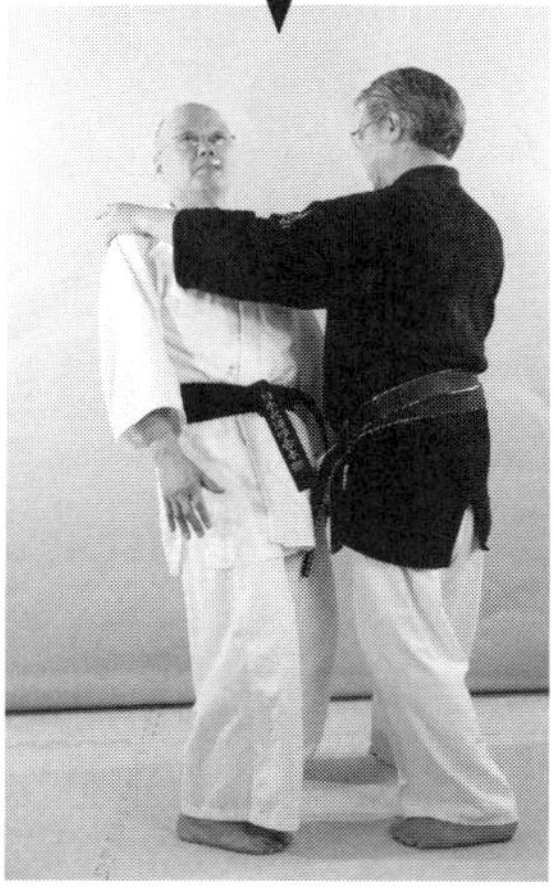

身体を垂直に保ちつつ、回転の中心軸を身体の外に置くことで、相手の体幹を崩すことができる。

▼股関節をさげない回転動作

合気道では、回転動作が多用されます。回転動作で誤解されやすいのが、回転軸を身体の中に置いてしまうことです。回転軸が身体の中にあると強い力が出るようにイメージされがちですが、重心移動の力はまったく使えていない状態です。

まず、回転動作の軸を、身体の中心に置いたときの状態を考えてみましょう。

回転の軸が身体の中心にあるということは、左右の股関節の間に回転の軸があるということです。ここを回転軸にすれば、一方の股関節が前に出て、反対の股関節は後ろにさがるということになります。この状態では、体重移動の力はプラスマイナスゼロです。

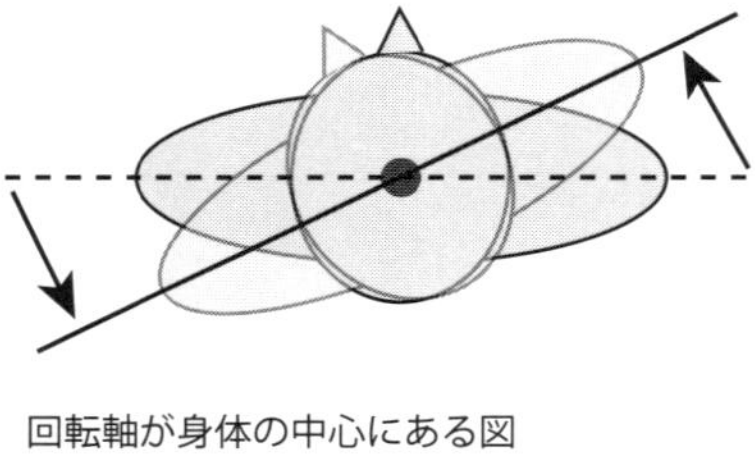

回転軸が身体の中心にある図

次に、回転動作の軸を、片方の股関節に置いたときの状態を考えてみましょう。

例えば、左の股関節を軸に回転した場合、回転軸になっている側の左股関節は動かず、反対の右股関節が前に出ることになります。右半身が前に出る力は使えますが、左肩は後ろにさがるので、全身の体重を有効に使えているとは言えません。

最後に、回転動作の軸が、身体の外にある場合です。

回転軸は、身体の真横よりも、やや前に置くと回転動作をしやすくなります。

この場合、両股関節とも出発地点より後ろへさがることなく、前へ全身の体重が移動するので、その際に生じる力を総動員することができます。

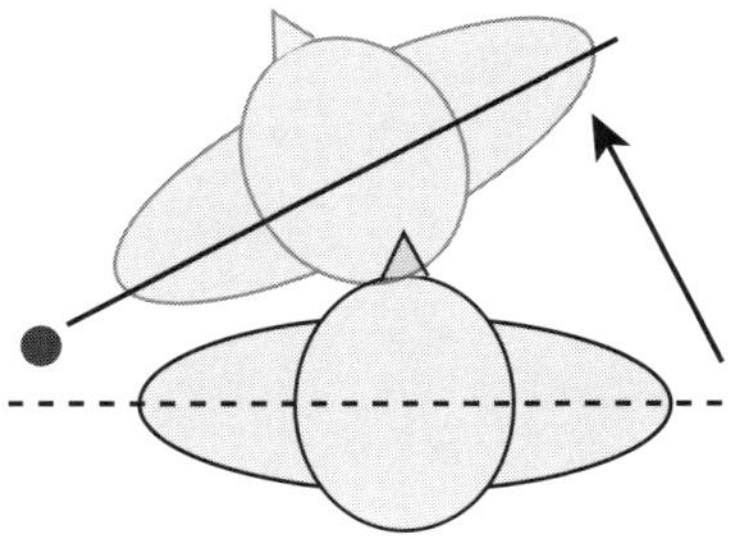

回転軸が体の外にある図

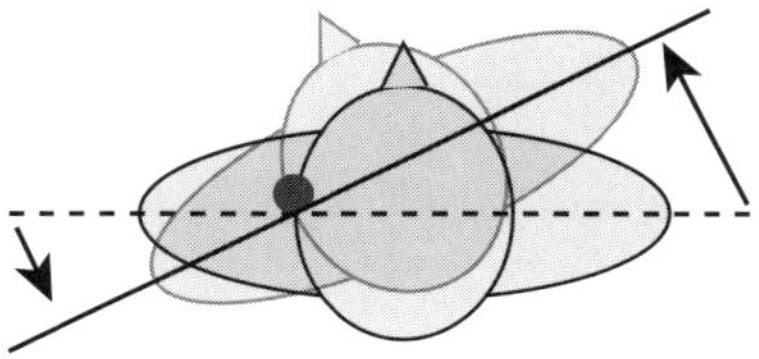

回転軸が左股関節にある図

▼回転と捻れの違い

もう一つ、合気道で回転動作をする際に間違えやすいのが、回転することと、捻ることを混同してしまうことです。

「捻る」とは、上半身と下半身が互い違いの方向へ動くことです。

人間を横から見ると、肩と股関節が上下に並びます。身体の中心を軸を置いて、右肩を前に出して左肩を後ろにさげる、同時に左股関節を前に出して右股関節を後ろにさげると、腰のくびれの位置を境に上半身と下半身が別々の方向に回ります。これが捻れです。

一般に、捻る動作は力を出すときに有効だと言われていますが、このときに使われる力は筋肉の力です。

捻れを防ぐために意識して欲しいのが、私が「三点セット」と名付けたものです。それは技をかけようとするとき、鼻の位置、手の位置、ヘソの位置が同時に動かなければならないというのです。そのように動かなければ必ず捻りが入ってしまいます。

なお、第一を作り、腰腹同等に内側から張る力（腰力）が意識できている時点で、体幹は捻れにくくなっています。

回転と捻れ

鼻、手、股関節が同時に動かずに、身体が捻れ、軸が失われてしまう。

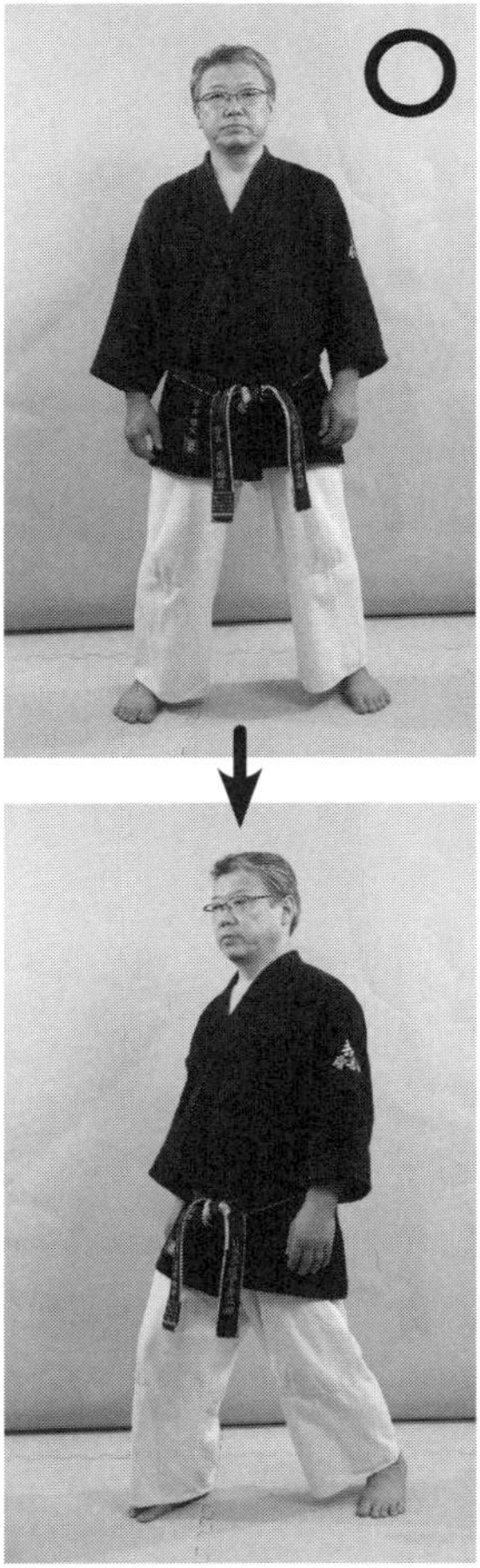

鼻、手、股関節が同時に動くことで、身体の捻れを防ぐことができる。

▼三点セットで崩す

鼻、ヘソ、手の三点セットが同時に動くということについて、もう少し詳しい解説と実験を用意しました。

左ページの写真は、柔道のように組み合った状態から、相手が押し込んで崩そうとする、あるいはこちらの脚を刈ろうとして、右足を踏み込んできた場面です。

それに対して、こちらは左足を半歩前に出して受け、さらに回転動作によって相手を崩しています。この動きでは、回転の中心は自分の身体の中にはありません。

また、鼻、ヘソ、手の三点セットが同時に動いていることも分かると思います。

相手はすでに勢いよく踏み込んで来ているので、腰や胸、腕が順番に動くようでは間に合いません。腕に力が届くのに時間がかかりすぎですし、身体の各部位がバラバラになっているので、重さもありません。

4本の軸を作った上で、三点セットが同時に動くと、居着きのない、重い動きができるのです。

三点セットで崩す

捻る動きで対応するのでは、踏み込んできた相手に間に合わない。
相手に体重を伝えながら、三点セットを揃えたまま、居着きのない動きで転身する。

別角度

◆帯引き

自分の体重移動を落とすことによって、起こり（予備動作）なく、大きな力を瞬時に生み出す方法を練習します。この稽古によって、合気道の技に居着きがなくなり、相手にとっては素早く感じられる力の使い方を学ぶことができます。

まず、相手の正面に立って、相手の帯を両手で持ちます。

4本の軸を作ります。とくに、肘の絞りを意識してください。つまり。肘の骨は下へ向け、手のひらと同じ方向へ向けるのです。肘の骨が横を向いては、腕力で引くことになってしまいます。

そして、体重を瞬時に下に落としながら、腰、肩甲骨、背中で相手を引き寄せます。体重を落とすときの感覚は、誰でも一度は試したことがあると思いますが、ヘルスメーターに瞬時に体重を押し付けて、針を振り切ろうとする、あの要領です。あるいは、椅子に背筋を伸ばして座るようにするとよいでしょう。

さらに、腰からの力を背筋と脚を伸ばす意識で引きます。上手くできると、無駄な力を使わなくても、相手が前に出てきます。

なお、この稽古で行う動きは、血の気の多い人がよくやるような、相手の胸倉を掴んで引き寄せる動作にも使えますが、瞬時に大きな力が出るため、首を痛めることになります。鞭打ちになり、悪ければ手に痺れが残るなど、後悔する事になります。気をつけてください。

▼身体を捻らないこと

引き寄せる瞬間に、腰や肩を捻じるのは悪い例です。わずかに腰が捻じれることはあっても、捻る力で引き寄せようとしてはいけないのです。

普段の感覚ですと、自分の腕で引こうとして、意識が上半身に行きがちです。しかし、この稽古で行ってほしいのは、捻じることなく重心を下げることです。

重心の移動で引く

第一の軸を立てたまま、椅子に座るようにして重心を落とし、第二、第三の軸で帯を引く。

身体をうねらせたり、捻ったりしないこと。

脚を伸ばす力で引っ張っているわけではない点に注意する。

上手くできると、相手は腰から崩れて前に出る。つまり、相手は力が生まれる瞬間が読めずに不意を突かれることになる。

捻れで引く

振りかぶるように身体を捻って引く方が力が出そうなイメージだが、かえって力が出ないばかりか、相手に簡単に読まれてしまう。

技を掛ける側が捻った瞬間に、相手はすでに反応していて、足が前に出ていることに注目。

◆手刀の押し合い

この稽古は、顔の前で相手と手刀を合わせ、相手を押すというものです。腕の力ではなく、4本の軸を使って重心移動を相手に伝える練習です。

相手と向かい合って、片足を後ろにさげます。前に出ている脚と同じ側の腕を上げて、相手と手刀を交叉させます。そのとき、互いに合わせた手刀が描くV字部分に互いの鼻が入るようにします。

この状態から、体重を前に移動させて、相手の手刀を押しますが、軸の意識が重要になります。

後ろ脚に第四の軸を作って、軸足にします。前の膝は緩めておくといいでしょう。前の脚の軸にしてしまうと、上体が倒れて、股関節が後ろに下がってしまうからです。

腕は、左右の肩甲骨を開きながら下げて、背中で支えます。つまり第三の軸です。腕を力まず、脱力してください。

指先は相手に向けます。なぜなら指先の方向に腕は動くからです。

肘の骨は下に向けます。肘が手のひらの側にくるようにしてください。小指側にあってはなりません。

脇の角度にも注意が必要です。相手の腕を押すとき、脇が最初よりも開いてしまう場合は、腕を外側に開こうとする力を使っているからです。

体重移動は脚で床を蹴るというよりは、呼吸を利用して重心を落とし、下腹やヘソから前に出るイメージです。呼吸は、息を足の裏に吹きかけるイメージです。

そのとき、腰腹同等の圧で生まれた腰力が、後ろ脚と腕に伝わる感覚を掴んでください。腕に腰力が伝わる際には、第二の軸が働きますので、しっかりと意識してください。

もちろん、すべての軸を作るには、第一の軸ありきです。

上体が前傾になったり、反り返ったりしてはいけません。また、身体が捻れてしまわないように両肩の前固定を意識してください。互いに合わせている腕で押すのではなく、両肩で前に出るようにすると、三点セットが揃うので、身体の捻れを防ぐことになります。

なお、この稽古は、正面同士で押すことがポイントです。横に腕を振る力は使いません。横に腕を振る力は、決して強い力ではありません。

前傾にならない

反り返らない

横に振らない

重心移動の力を、相手に伝える。このとき、第二の軸が緩めば脇や肩甲骨から力が逃げてしまうので、意識すること。

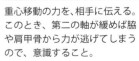

◆メトロノーム

腰力を作り、その力を手へと伝える稽古です。

棒やペットボトルなどを片手で持って、左右に振ります。持ち手が胸の前に来たときに、反対の手に持ち替えます。つまり、メトロノームのように手に持った棒の尖端が左右に振れて弧を描くのです。

腕を使って振っているのではなく、腰腹同等の力を入れ、腰力で振るように意識します。腰力が第二の軸を通って手に伝わります。棒を持ち上げる力も、棒を止める力も、腰力を使います。とくに持ち上げるときは腕の力を使わずに持ち上げるように意識してください。

第一の軸を意識して、身体がぶれないように気をつけてください。頭が左右に揺れたり、腰の部分から横に倒れたりしないようにします。

始めはどうしても腕力に頼ってしまうと思いますが、腰力を広背筋、肩、腕までへと伝えるように意識していくことで、やがて上手くできるようになると思います。腕相撲も強くなるので、男性には魅了的かもしれません。

重い棒を振ることで、その勢いに負けないように軸を強く意識しなければならない。実際に棒を振っているのは腕であるが、体幹の力であったり、脚の力で振っているような感覚が得られるとよい。そうした感覚を得るには、軽い棒では難しい。

横から見ても、４本の軸の働きによって、背筋や脚が伸びた状態になっている。
練習の際には、他の人にチェックしてもらうとよい。

ポイント　手首のスナップは使わない

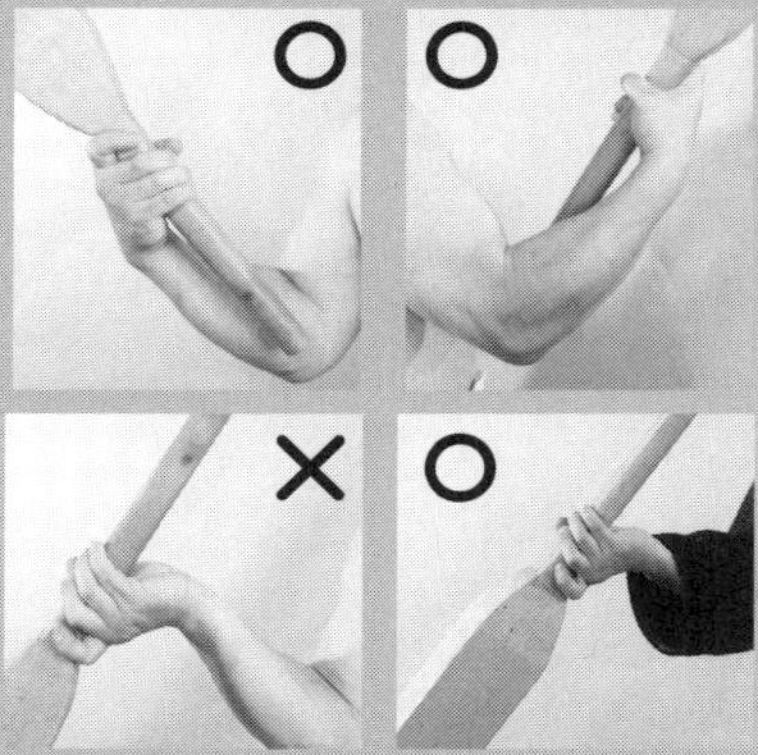

手首の使い方に注意がある。
棒を支えるとき、持ち上げるときに、手首を返さずに、できるだけ手首は内側に曲げた状態を維持すること。
手首のスナップを使うと、傷める可能性が高くなるので、気をつけること。
上掲写真のうち、×を付けた写真は手首を返し過ぎている状態。

軸が失われた状態

◆軸を鍛える腕立て伏せ

腕立て伏せと言えば、単なる筋肉トレーニングと思われる方も多いでしょう。しかし、どこを意識しながら行うのかによって、鍛えられるものに違いがでます。

ここで紹介する方法は、腰力を使って腕を伸ばすという、本書で繰り返して説明している動作を、腕立て伏せという運動を利用して鍛えるものです。

床に伏せたときは、脇を締めるように意識してください。ワニのように肘を外に張ってはいけません。肘の骨が足のある方向を向くようにします。

左右の肩甲骨を外に開き、骨盤の方向へ下げた状態を作ります。

手のひらの重さが掛かる位置は、人差し指の付け根になるように意識します。

腕を伸ばすときは、仙骨の締めと首の後ろ固定をして、腰腹同等に膨らませる力（腰力）が、第二の軸を通して腕を伸ばす力になるように意識します。

腕は、脇を締めたまま、肘を絞るように伸ばします。

左右の肩甲骨を外に開いた状態を維持したまま、身体を持ち上げます。重さが乗るのは、人差し指の中手骨が通っているエリアです。つまり、肩から肘、前腕を通って人差し指につながる「人差し指のライン」を意識するのです。

腕立て伏せの間違った方法としては、床に伏せたときにワニのように肘を開いてしまうことです。肘を開いてしまうと、腕を伸ばすときに肘を絞れず、腰力を腕に伝達できなくなります。大胸筋（胸の筋肉）と上腕三頭筋（二の腕の裏の筋肉）を中心とした動きになり、腕力に頼る癖がついてしまいます。

床に伏せたときに左右の肩甲骨を閉じた状態にして、腕を伸ばしながら肩甲骨を開くと必ず腕力になってしまいます。

また、腰を反らせて上体を持ち上げることも間違っています。それでは上半身と下半身をバラバラになって、軸のない動きになってしまいます。筋肉トレーニングとして間違っている上に、軸トレとしても役に立ちません。

軸を鍛える腕立て伏せ

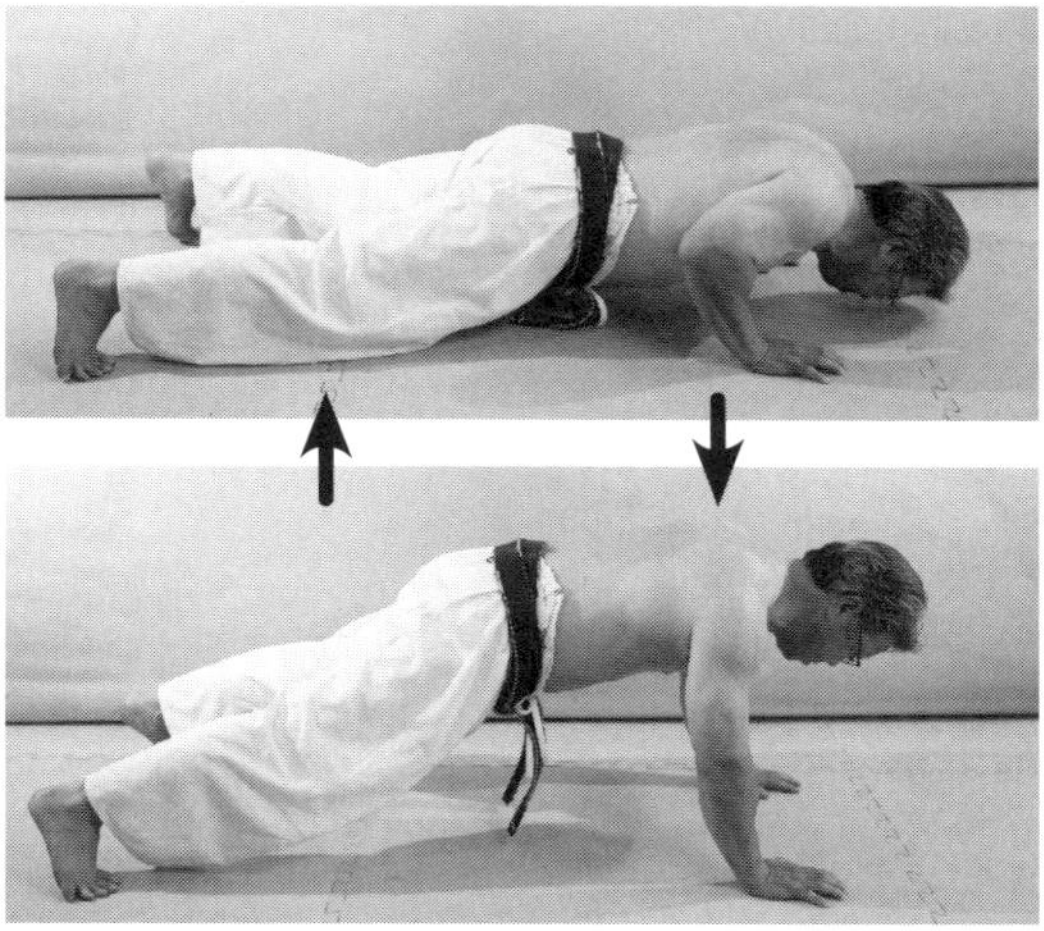

第一の軸を維持したまま、第二の軸を通して、腰力を腕に伝えて、身体を持ち上げる。肘を締めるように腕を伸ばして、第三の軸を完成させる。胸の筋肉（大胸筋）にかかる負荷が小さくなるように意識して行うこと。

ポイント1　反らない

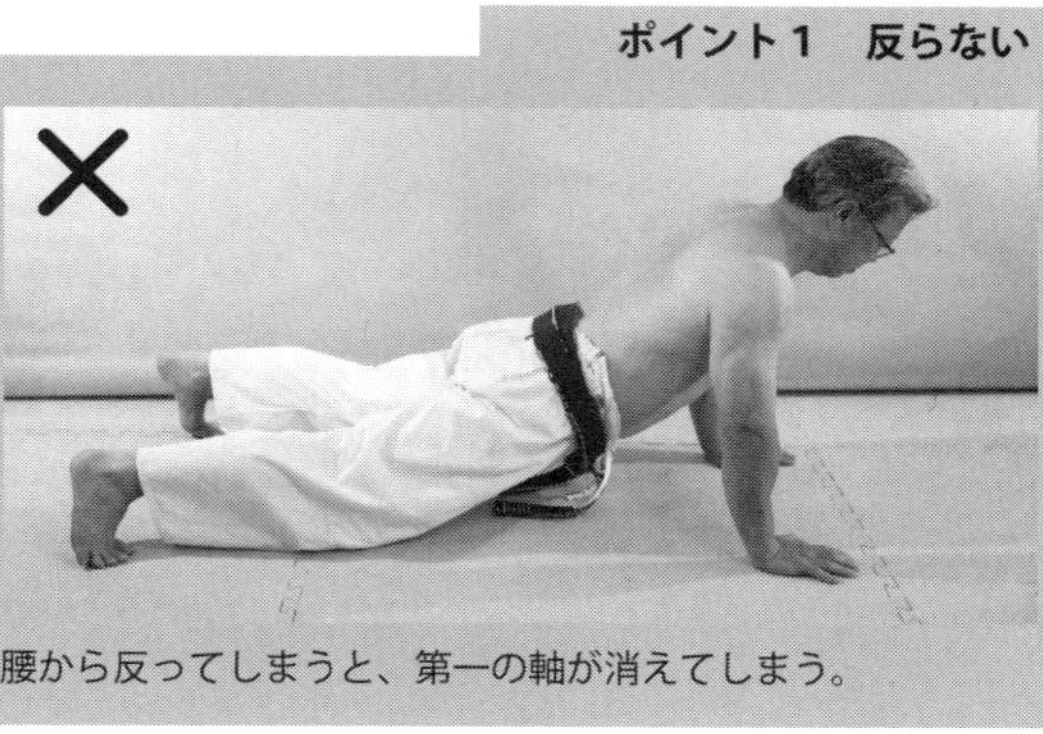

腰から反ってしまうと、第一の軸が消えてしまう。

ポイント２　肩甲骨は閉じない

伏せたときに左右の肩甲骨を閉じないないように。
肩甲骨を閉じてしまうと、第二の軸が消えてしまう。

ポイント３　肘は開かない

肘を開くと左右の肩甲骨が閉じやすくなるだけでなく、大胸筋に付加がかかる。それは背中の筋肉が働いていないということである。

ポイント４　人差し指の中手骨のエリアで支える

手は、人差し指の中手骨のエリアで身体を支える。第三の軸を作るために腕を伸ばすときに肘を絞るようにすると、肩からの差し指へのラインが強く意識できる。

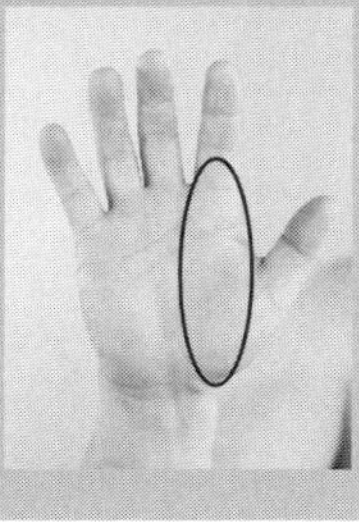

◆腰力で上体を起こす

腰力を使って上体を起こすトレーニングを紹介します。一見、普通の腹筋運動のように見えますが、比べればまったくの別物と分かるはずです。

一般的な腹筋運動は、体幹を腹直筋で曲げます。背中は丸まった状態になります。この運動で鍛えられる主な筋肉は、腹直筋、外腹斜筋、内腹斜筋です。インナーマッスルである腸腰筋もわずかに働きます。背骨に唯一付着し、コルセットの役目を果たすインナーマッスルである腹横筋は鍛えることができません。この鍛え方ですと、立ったときに姿勢が丸まってしまうため、正しい姿勢が取れず、軸の力を引き出すことはできません。

腰力を使って上体を起こす動作は、背中の筋肉を縮め、腹筋を伸ばす動きになります。上体を持ち上げるときに、腰と腹が内側から張るように腰力を入れます。その力を利用して、上体が起きるのです。この動きができるようになると、腹圧で腹部を硬くできるので、ボディ攻撃にも強くなります。

腰力で上体を起こす

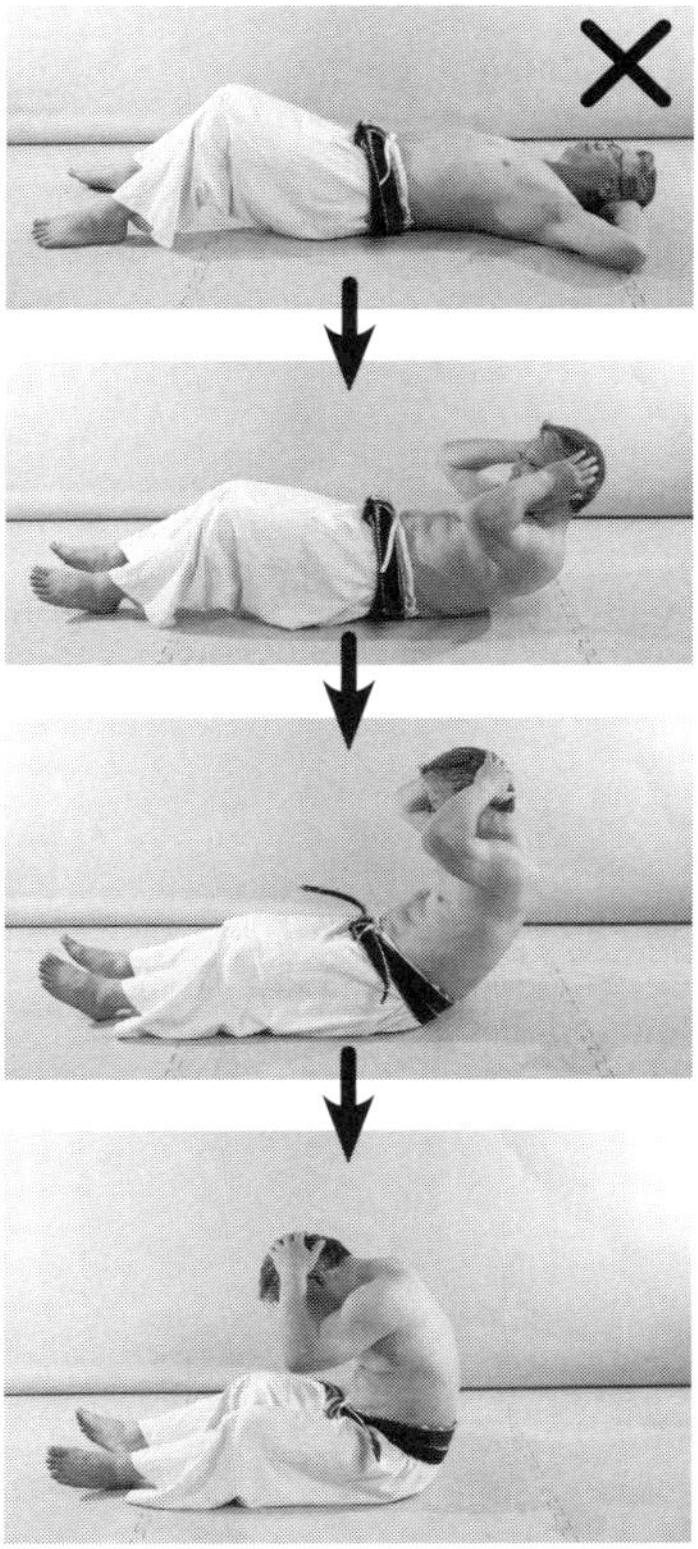

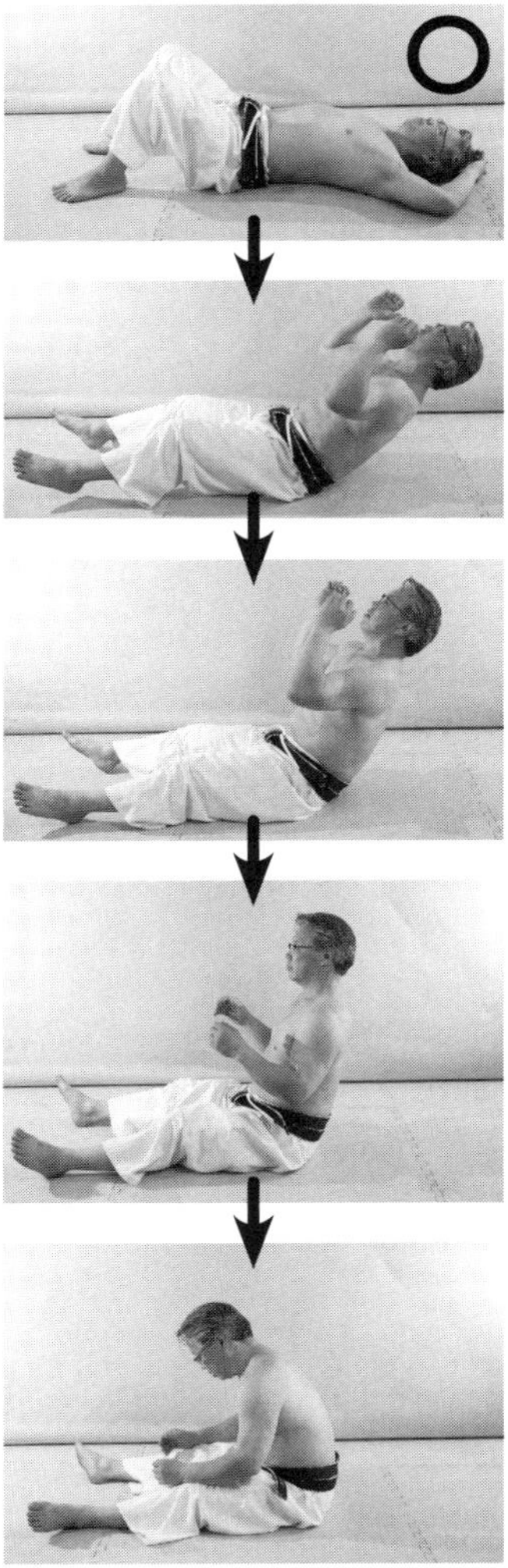

右列の写真は、腰力を使って上体を起こしたもの。
左列の写真は、一般的な腹筋運動。

◆軸で腕相撲

４本の軸を作る意識と、それ強化するための軸トレを行うと、知らず知らずのうちに腕相撲がかなり強くなっているはずです。なぜなら、腕の力ではなく、腰の力で戦えるようになるからです。肘を机に固定して行っても、肘を固定せずに立って行っても同じことが言えます。

一般的な腕相撲は腕力のみを頼り行います。手首を返す筋肉、力こぶの筋肉（上腕二頭筋）、肩を回す筋肉などが、主に使用される筋肉です。つまり、身体の前面にある屈筋を主に使います。姿勢は猫背になっているはずです。

４本の軸を使うと、姿勢が背筋が伸び、使用される筋肉は広背筋や僧帽筋などの背中の筋肉も使われるようになます。一般的な腕相撲よりも、腕が体幹に強く固定されます。

腕相撲の選手は、さらに上腕を垂直に立てるように脇を締め、腕と体幹を密着させます。そして、その腕に体重を乗せるのです。つまり、筋力だけではない、理に適った身体の使い方をしていると言えます。

軸で腕相撲

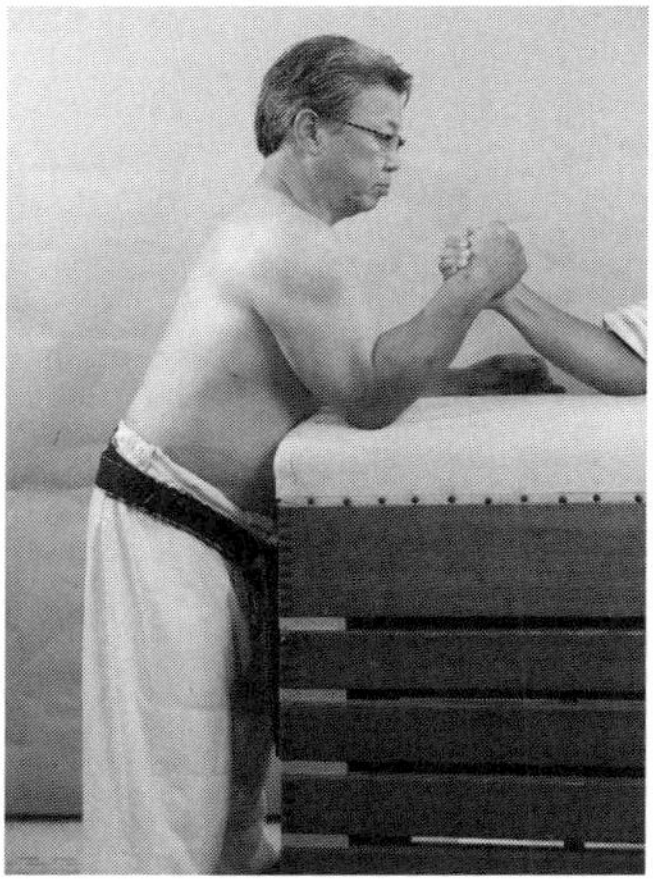

選手のように
腕を身体に固定した腕相撲

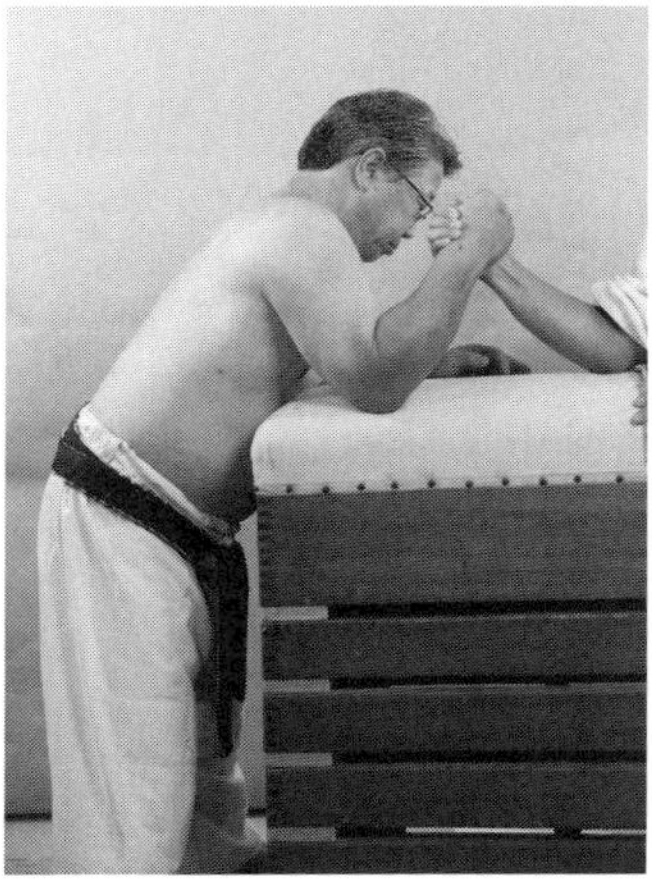

一般的な腕相撲

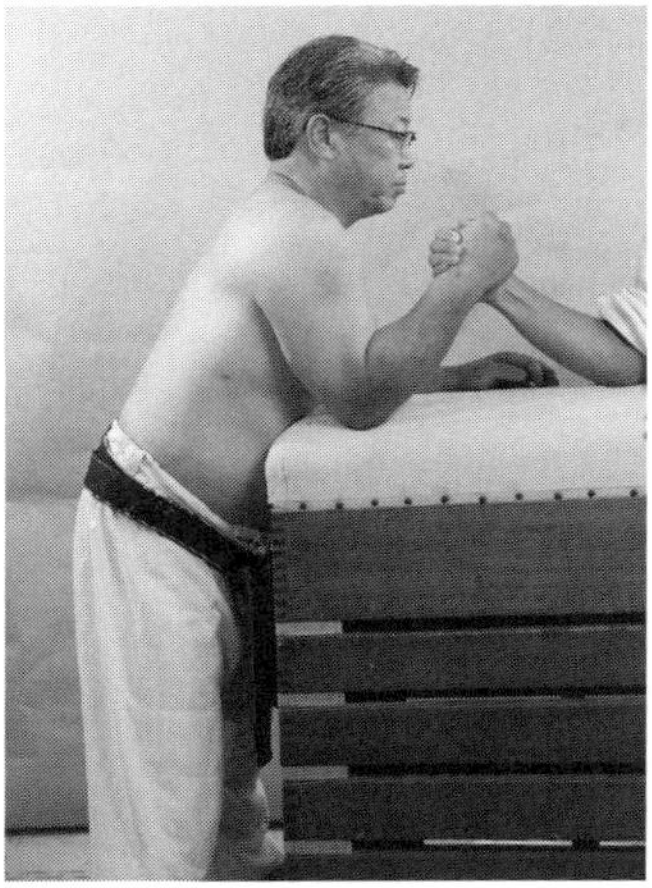

4本の軸を使った腕相撲

◆切っ先に体重を乗せる

手に持った物を通して体重を伝える稽古です。

剣道では、一般的にスナップを利かせて打ちます。この場合、スピードは出ますが、重さはありません。真剣で物を切る時には通用しない使い方です。剣に体重が乗らなければ、相手の骨を断つことはできないでしょう。

切っ先に体重を乗せる稽古法としては、竹刀を当てる瞬間に、4本の軸を作ることです。あるいは、当てた状態から4本の軸を作って重さを乗せます。

体重を乗せた打ち

一般的な打ち

左足拇指球

体重を乗せた打ち

左足拇指球

一般的な打ち方だと、腕と剣を振り下ろすに従って、腰が反って上体が後ろにさがっていく。つまり、切っ先に重さは乗らない。腰が反っているということは、第一の軸は崩れてしまっているということでもある。

体重を乗せた打ち方を見ると、振り下ろしに従って、股関節より上が前に進んでいる。4本の軸が維持されていて、重さが切っ先に伝わっている。

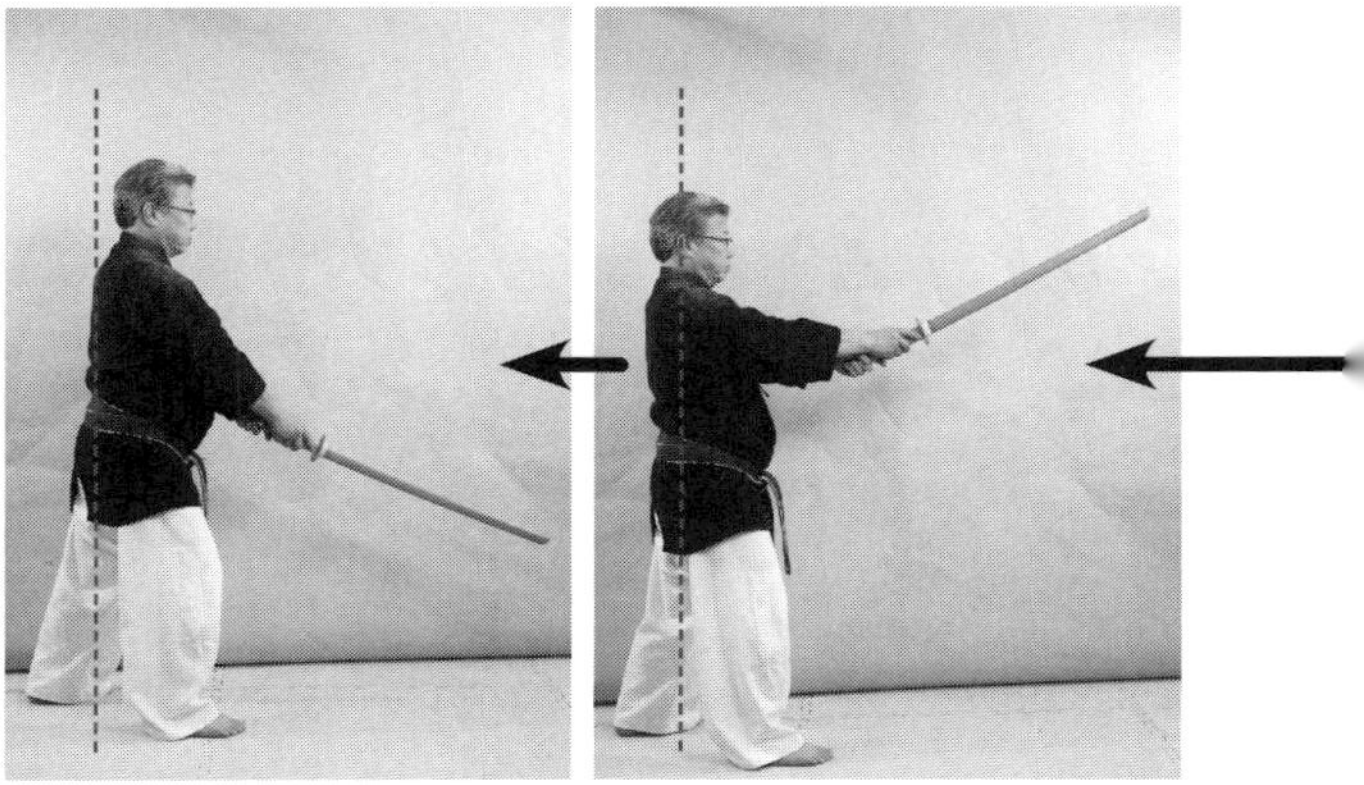

※動きの説明のために、左足拇指球の位置に鉛直線を描いた。この鉛直線を基準に上体の動きを見ると、体重の掛かり方の違いが写真でも理解しやすいと思う。

◆三戦（サンチン）

軸トレの1つとして、空手の伝統型「三戦」を紹介します。

三戦は鍛錬の型、あるいは剛の型と言われています。この型は、自分の体の動き、つまり呼吸や筋肉の動き、流れや関連について内観しやすく、その時々自分の力量により、色々なことを教えてくれるように思います。他のすべての型にもそれぞれの意味があり、学ぶべきことがたくさんありますが、その中にあって特に三戦という型は身体を作り上げるのには絶好の型と言えます。

私もこの型を一万回以上、繰り返して稽古していますが、非常に奥が深く、繰り返せば繰り返すほど身体あるいは動きについて教えられます。

軸トレとして行う場合、演武として行うのではないので、動きの順序にこだわる必要はありません。空手道実践者以外の読者で、演武型としての細かい規定が知りたい方は、その専門書に当たってください。本書では軸トレとしての解説にとどめます。

軸トレとして三戦を行う場合は、同じ動作を何度繰り返してもよいので、大切な要素である軸の意識を掘り下げ、自分に身に着けることを重視してください。

注意点としては、初めから数十回も繰り返さないことです。

私が集中して三戦を繰り返し行っていた時期、1日40~50回も行うと、内臓を落としすぎたり、腹圧をかけすぎたりしたことが影響してか、大腸炎を起こしてしまいました。下腹の内圧が高まるので、前立腺や膀胱へも影響が出るかもしれません。

私は失敗を通して、肛門を締める意識が弱かったことに気づきましたが、私が失敗したことを読者や生徒が繰り返して欲しくありません。

その後は三戦を行わない日を入れたり、1日で行う回数を多くても20回、平均すると10回ほどに抑えました。「大切なことはコツコツと継続すること」と自分に言い聞かせました。

「学びとは、あることを継続することにより、受け入れ態勢つまり自分に準備ができると次の段階の課題、気付きが与えられることの連続である」ということを身に染みて感じました。

本当に単純な動作の連続である「三戦」という型から学ぶことは驚くほど多くあります。空手道実践者以外の方にもぜひ試してもらいたいと思います。

まずは姿勢を整えます。腰の部分を膨らませ、首の後ろ固定をします。呼吸は吐く方を意識し、鼻でゆっくり行い、会陰（肛門と金的の間）に吹きかけるように口から息を吐き、重心を下げます。手足に力は入れません。まず、第一の軸を意識してください。

腕を顔の部分で交叉させてから下ろします。口から息を吐くと同時に、肛門を締め、仙骨を締めながら全身に力を入れてください。この仙骨の締めによって大腿部の骨が骨盤により強く引き付けられることを意識します。

下ろす腕は、肘を絞りが行われます。肘が横を向いて、脇が開いてしまわないように、肩甲骨も下ろします。

別角度

続いて、両腕を外旋させながら、左右の内受け（呼び名は流派によって違います）をします。肩甲骨は開いたまま、両腕の角度はおよそ90度が理想です。

意識の仕方としては肩甲骨で腕を伸ばすような気持ちで受けます。

この左右の内受けをする姿勢では、第一の軸が強く意識できるかと思います。仙骨の締め、首の後ろ固定はもちろん、腰力、つまり腰腹同等の力が下腹に籠もることを感じるはずです。

腰に引いた左拳で正拳突きをします。

このとき、肘の骨を下に向けたまま手首を返します。腕が伸びきる瞬間に腰力を意識して、第二、三の軸を通して拳に体重が乗るイメージをします。

初めは難しく感じますが、繰り返すうちに意識した軸に力を感じ取ることができるようになります。

突く方はもちろん、反対も肩甲骨は開いたままですので気を付けてください。

その後、突いた腕を内受けに戻します。肘から先を動かすのではなく、肩甲骨で腕を回して、背中で引き寄せます。腕を曲げるというよりも、わずかに伸ばすような意識で戻してください。

左で突き終わった後は、一歩踏み出しながら右拳を引いて右正拳突きをします。

正面に右正拳突き、左正拳突きを2回繰り返します。

両腕を内旋させながら伸ばし、胸の前で両手の甲を合わせます。腰の力を腕に伝え、背中で腕を伸ばす意識を持ってください。

このとき、両肩が上がりやすいので、しっかり肩を落としてください。

続く動作で、両手を外旋させながら肘を引きますが、やはり肩を落としてください。

この動作を3回繰り返しますが、肛門を締めたまま、1回呼吸するごとに重心の落とすように意識してください。

回し受けをします。腕を回すとき、両腕ともに手のひらと肘の骨が同じ側にある「肘の絞り」ができていて、脇も締まっています。

そして、腕を伸ばしきる直前に4本の軸を総

動員して意識を強めます。

呼吸は、腕を回しながら鼻から息を吸い、腕を伸ばすときに吐きます。この呼吸とともに重心を下げます。

回している間も肩甲骨は開いた状態を維持し、また4本の軸も緩まないように意識してください。

回し受けの2回目をします。

1回目とは左右が逆になります。

最後は最初と同じように呼吸を吐き、重心を下げるのと同時に手足の力を抜き、第一の軸に意識をおき、終了します。

腕相撲のところでも紹介しましたが、力んで前屈みになるより、正しい姿勢のほうが、より大きな力を出すことができます。

パワーを付けるには筋肉を鍛えたほうが早道のような気がしますが、「急がば回れ」という言葉もあります。若い頃は筋力に頼ってパワーとスピードを出せても、それは年齢とともに衰えていくものです。

年齢を重ねてくるに従い、筋力に頼る割合が少なくなり、理論的な動きへと移行していくべきです。それができない人が、武の道を途中で止めてしまうのです。

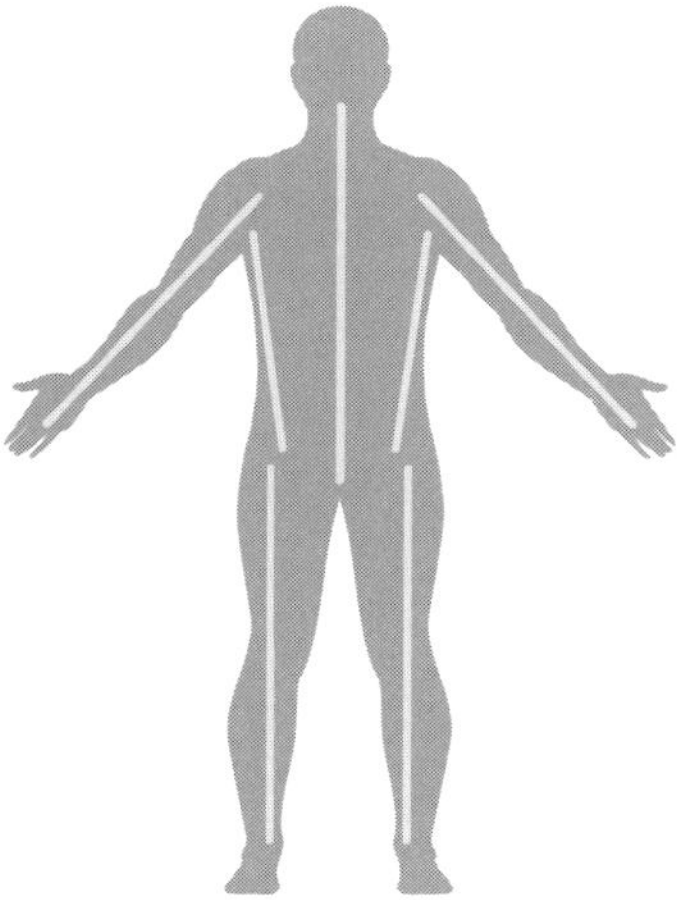

第3章

軸と合気

4本の軸で合気を解く！

◆4本の軸を使って合気を実現する

▽軸を自在に使うための段階稽古

第1章で読者に皆さんには、4本の軸の作り方を説明しました。これは、技の練習をする以前の、姿勢の作り方についてお話ししたわけです。合気道でも空手でも、姿勢の作り方も知らないうちに技の練習を始めても、技の真価を理解できないでしょう。先人が武道に残した高度な技術も、姿勢の作り方が分からない人にとっては意味が分からずに、ただ「伝統だから」という浅い理解で型や技を見るしかなくなります。

姿勢という、技や型以前に身に付けるべき要素を知らないまま、筋力と運動神経で続けるには限界があります。それどころか、ガムシャラにがんばっているうちに間違ったクセが付いて、身体を壊してしまうこともあるでしょう。

そして第2章の「軸トレ」で、単純な動きの中で軸を維持するための訓練をしながら、軸の意識を強化してもらいました。

続く本章の技の解説では、技の動きを通して今まで説明してきた理論を自分の身体に感じ取ってもらいます。技のなかでの軸の作り方、重心の置き方を中心に説明していきますが、これは動く相手に対して軸を通して力を加えていく練習でもあります。

空手を例にすると、巻き藁やサンドバッグなどの止まっているものに対して正確に、強く、速く、叩いたり蹴ったりできるようになったのちに、約束組手を行うようなものです。

ただし、4本の軸を作ることは、当然どの技でも共通することなので、技の解説の中では省略し、軸が崩れやすい場面でのみ説明することにしています。

本書では、その次の段階、つまり自由に動く相手に対して、自分の技を有効に用いることができるのか？　という空手の乱取り、ボクシングのスパーリングの段階までは詳しく解説しませんが、身体に軸を作らなければならないことは変わりませんので、ぜひ各自で研究してみてください。

4本の軸は、意識するほど効果は得られます。そして一つの技ができるようになると他の技にも応用が利きます。私の理論は合気道に止まらず、他の武道、様々なスポーツにも応用できますし、日常の生活習慣からくる病気の予防にもなります。ぜひ、身につけてください。

▽合気の原理の研究

実際の技法の解説に入る前に、4本の軸を作ることと、合気の原理の繋がりを理解する上で必要な考え方をいくつか述べておきたいと思います。

▼「居付き」がないこと

人の反応には、0・3秒かかると言われております。見る、聞くなどの刺激を受けてから、動き出すまでの時間が0・3秒ということです。この時間は「居着いている」時間です。

多くの場合、この0・3秒に、力みで動き出せないでいる時間や、次の行動への予備動作が加わるので、居着いている時間はさらに長くなります。

人間が相対して攻防を行うとき、居着きの時間が長いほど、不利になります。居着いている状態では動けないだけでなく、予備動作から相手に動きを読まれてしまうからです。空手や剣道、ボクシングで行われる攻防は、動きの読み合いが伴います。

では、こちらの居着きや予備動作がなくなったら、どうなるでしょうか。相手は、こちらの動きを読むための情報を失い、反応ができなくなるでしょう。

このことは、打撃系の武道だけに当てはまることではありません。柔道や合気道のように掴み合う状況においても同じことが言えます。柔道や合気道では、掴まれている（掴んでいる）接触箇所から相手の動きを読むのです。技を仕掛けられる場合、相手の手の力みや居着きは、防御する側にとっては重要な情報になります。攻撃に耐える準備ができるのです。

反対に、手を力ませずに技を仕掛けることができれば、相手は防ぐ準備が間に合わずに体勢を崩すことになります。これは、合気を実現するための大きなヒントです。居着きのない動きができれば、相手が防御反応を起こす前に無力化することもできるでしょう。

では、居着きのない動きをするにはどうすればよいのか？　その答えが、本書で説明している4本の軸を用いた動きです。軸があることで、立っているときも、動き出すときも、余分な力が必要なくなるのです。これが「脱力」です。

▼相手に対する敵対心を持たないこと（平常心）

イスラム教のタルムードという経典に「手足の動きは心が決める、心の動きは財布の厚さで決まる」とあります。なるほど、真理だと思います。財布の厚さはともかく、「手足の動きは心が決める」というのは大いにあり得る話です。

実際、武道の稽古を長く続けているとイメージ力の大切さ、そしてその力に驚かされることがあります。正しくイメージできると、そのイメージを成功させるように自分の身体が動いてくれるのです。

このときに大切になるのが「脱力」です。脱力とは力を抜くこと。当たり前ですね。でもこの当たり前ができないのです。相手を倒そう、技をかけようとする気持ちは、ある意味、敵対心です。この敵対する感情は、必ず「力み」を生み出し、その「力み」が相手に反発する感情と反射を生みだすきっかけを作るのです。

つまり、敵対心は合気の実現を邪魔する要素であると言えます。

技をかけ、投げようとする相手に、敵対心を持ってはいけない。この矛盾する感情を抑え込まなければならないのです。これがどれほど難しいことか。手足の動きを心が決めてしまうのです。

身体に軸を作り、重心を下げるということは、平常心をもたらします。敵対心を捨て、平常心で相手に対峙してこそ、真に脱力が可能になるのではないでしょうか。

「敵対心・征服心は屈筋を優位にし、同調する心・伸びやかな心は伸筋を優位にする」

これは私が合気道で気付いた一つの真理です。ぜひ、敵対心や征服心ではなく、逆に同調心や相手を思いやる心をもって技をかけてみてください。

▼自分の力で倒れる点を作る

柔道の大外刈りを仕掛けてくる相手に対し、入り身投げをすることを例にとって説明します。これは単純な例ですが、合気の原理を探るには大きなヒントが含まれています。

相手が右脚で、こちらの右脚を刈ってくるとき、相手はまず頭を先頭に上半身を前に傾け、次に脚を前に振り出すことになります。つまり頭↓脚という順に振り子運動をするのです。

この振り子運動のとき、相手の頭を本人が意識している場所よりも手前で抑えてやると、次の下半身の動きを加速させることができます。この流れで相手を仰向けに倒します。相手が力を入れるほど、自分で引っくり返る力が強くなります。つまり、相手は自分の力で倒れているのです。

入身投げをする人は、当然4本の軸ができていないと、相手の勢いに負けてしまいます。また、腕を強く使える範囲としては、両腕を開いて90度までなので、この範囲を超えないことも重要です。

自分の力で倒れる点を作る

相手は組み合って、脚を刈ろうとする。そのとき、同時に肩甲骨を使い、腕を相手の首から頭にかけて伸ばしてやる。

この方法は相手の出てくる「タイミングを掴む」稽古にもなる。首や頭を抑えるタイミングは難しいが、「重心を落とす」「腕を伸ばす」ことで行え、他には動きが殆どないため、タイミングに集中できるためぜひ稽古に取り入れて欲しい。頭や首を抑える腕は肩甲骨を使って伸ばすこと。上手くいけば相手は自分の力でひっくり返る。

相手の力が強ければ強いほど、激しく転倒する。

▼先入観を持たせる

先入観を持たせるという意味は、相手に自分の動きを思い込ませるということです。先入観を持たせると、その思い込んだ動きに対して、相手は対応を決めて動き出してしまいます。

人間は対戦する相手の先の動きを読んで、それに備えます。相手の動きだけでなく、「階段があると思って踏み出したら、実際はなくて転んだ」「重たいと思った荷物が、実際は軽い物で尻餅をついた」という経験が誰もがあるように、人間は事前の予想を元に身体の使い方を決める傾向があります。

その例として、空手の前蹴りに対して入身をする動きを左ページに紹介します。これは分かりやすい例ですが、合気道でも相手が拳で突いてくる相手に対し、小手返をする技があります。これは先入観を持たせて「相手に突かせる」ことが重要で、当たると思った突きが空を切ったことで相手は自ら体勢を崩します。こちらはその崩れを増幅してやれば、投げ技は成功します。

相手が掴んでくる場合も、「相手に掴ませる」ことで、崩しのきっかけを作ることになります。掴もうとした手首が、意外に遠かった（近かった）ことで、すでに相手はわずかに崩れるのです。これが「先の先」です。

先入観を持たせる

相手が蹴ってこようとする時、意識的に自分が的になるようにわずかに身を乗り出す。

もちろん腰を曲げて頭から前に出ても効果はなく、肛門を締める力で骨盤から前に出る。

的が近づくことで相手は蹴らずにはいられなくなる。これは、この時点ですでに的を狙う動きを設定しているため。

相手は動きをキャンセルできず、蹴りを出してしまう。こちらが軸のある姿勢ができていれば、居着きのない動き出しができ、入身が可能になる。

◆合気挙げ

▽両手合気挙げ

合気挙げのように、相手に抑えられた腕を挙げるためには、腕の力では無理です。そこで使う場所は背中となります。普通、背中を使おうとすると腰が反ってしまいますが、その姿勢では結局筋力に頼ることになり、腰を痛める原因にもなります。

合気挙げをするには、腰の力を背中を通して腕に伝えなければなりません。肩甲骨が挙がることを避けるために、肩甲骨を骨盤に押し下げるようにすることが大切です。その状態で、肩甲骨を左右に広げ、首を後ろに固定します。

その姿勢を維持したまま、腰力つまり、腰と肚に同等の力を加え、股関節を前に出すようにする力で腕を挙げます。腕が挙がるほど、肩甲骨は下げます。

腕を挙げると同時に、自分の重心は下げることが大切です。上手くできると自分の重心に相手が乗ってくる感じがします。イメージとしては、自分が大きなボールで、相手はその上を転がる物体というところでしょうか。

合気挙げ（両手）

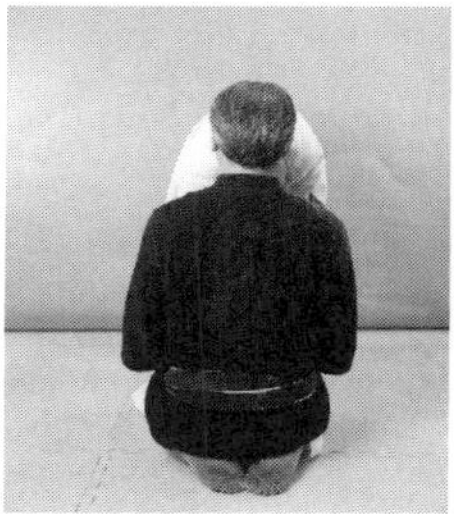

力みのないままに手を挙げることがでれば、相手の反応が遅れる。
さらに腰力が腕に通っていれば、こちらの腕が挙がる力が、相手とっては想像以上であるため、正しく対応できずに崩れてしまう。

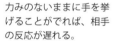

▽片手合気挙げ

自分の片腕を両手で抑えられた場合の合気挙げを説明します。

膝の上に置いた手を両手で抑えられた状態から相手を倒すことなど、普通ならばよほどの力の差がなければ無理です。

片手の場合の注意点も、両手での場合と同様です。姿勢を正し、腰肚の力を入れ、肩甲骨を開き、腕を脱力させるのです。

片手で合気挙げをする場合のコツとしては、両腕で挙げるようと意識することです。掴まれている片手に意識を向けすぎると、どうしても反対側の肩の意識が抜けてしまうものです。すると体幹に捻れが入って、軸が崩れてしまいます。

両肩ともに前固定して、肩甲骨を下げることで、体幹が捻れることを防げます。そこで、片手で合気挙げをする場合にも、両腕で相手の両肩を押すように意識すると、鼻、ヘソ、手の三点セットが揃って動くようになります。

合気挙げ（片手）

相手の両肩を自分の両手で押すように意識すると三点セットができあがり、相手を倒しやすくなります。

両手の場合と同様に、手が挙がるのにともなって、肩甲骨は下がっていくようにする。
腕を外へ振るのではなく、また体幹を捻っているのでもない点に注意。右の股関節から上を相手に向けることで、相手を身体の正面に入れている。

◆一本捕り

一本捕りは合気道でも基本中の基本と言われています。つまり、この一本捕りに技の要素が詰まっているとも言えます。

相手の正面打ちに対して前に出る表と、裏に廻り相手の力を逃がす裏を紹介します。また、応用として手首取りからの裏の動きで、相手の首に手をかける方法も紹介します。

大切なこととしては、やはり第一に「軸」です。軸のない技は実行力がないばかりか、相手の返し技の餌食になりやすいものです。

また、表でも裏でも、自分の「体重を乗せ続ける」ということも重要です。よく引く場合は体重を乗せずに、綱引きのように引くことがありますが、それは間違いです。自分の体重を相手の腕に乗せたまま、足を運ぶ、あるいは転身してください。重さが抜けてしまうと、体勢を崩せずに相手に耐えられてしまうことになります。

▽正面打ちに対する一本捕り（表）

やはり基本になるのは姿勢です。腰を曲げたり、反らせたりするのは厳禁です。立ったままであれば身体に軸を作れていても、移動する時に前傾したり、後ろに反り返ってしまうものです。４本の軸を意識し、軸を維持したまま移動してください。

また、相手との接点である手で技をかけようとすると、相手がその力に反応してしまうので技はかからなくなってしまいます。接点が脱力していると、相手は反応する機会を失ってしまいます。

相手の正面打ちを受ける位置は、自分の正中です。大胸筋の上部を上に吊り上げ、肩甲骨の動きで腕を伸ばすように意識すると、第二、三の軸で相手の打ち込みを受けることができます。このとき、肩甲骨は開いた状態を維持することが大切です。

あらゆる技に言える事ですが、技をかけるときの指を向ける方向を大切にしてください。指は相手を崩したい方向に向けます。

脚運びについては、よく後ろ足を残してしまう人がいますが、それは良くありません。後ろ足が残ると尻が後ろに残ってしまい、体重移動ができません。

（正面打ち）一本捕り（表）

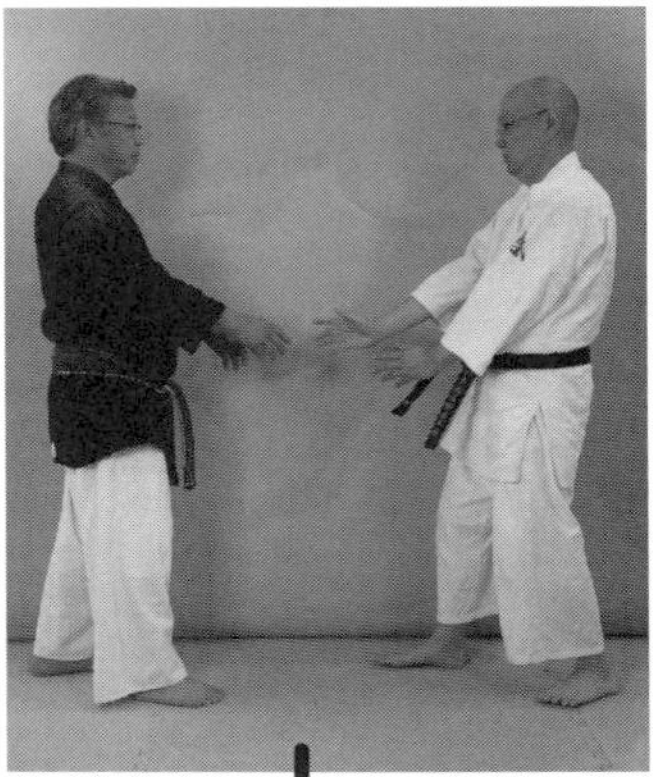

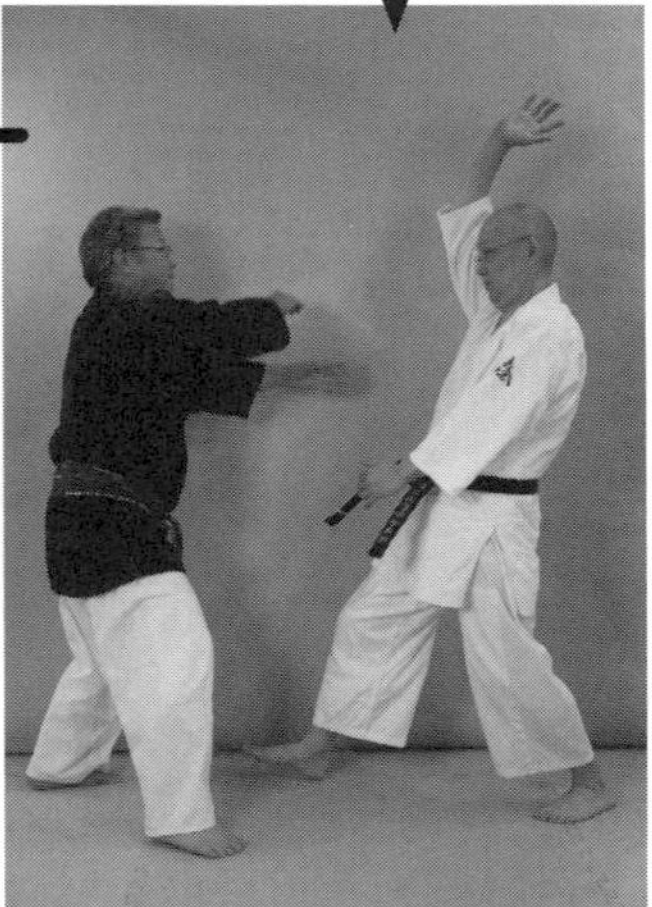

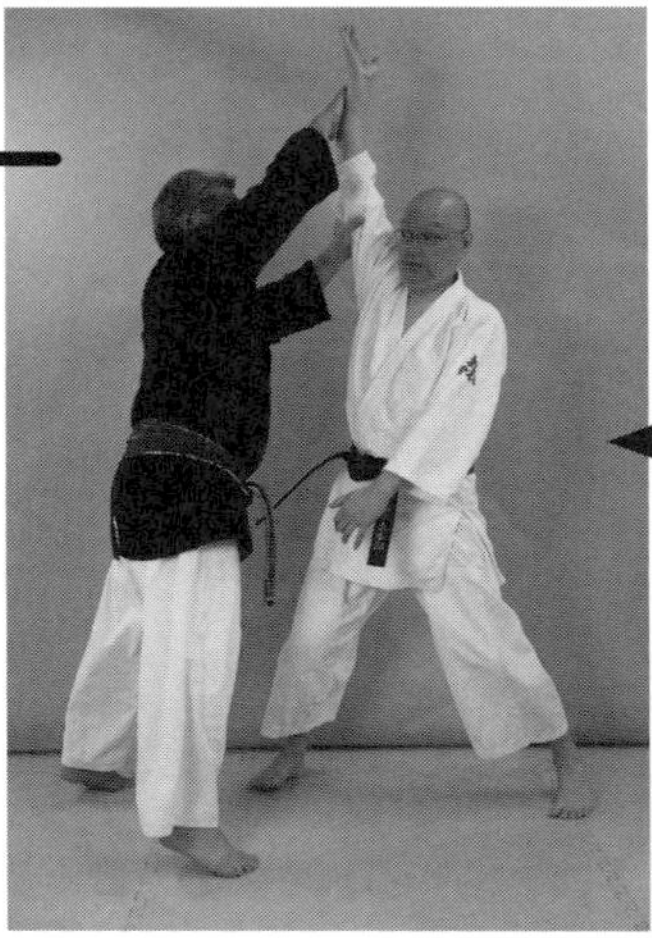

相手の正面打ちを、自分の
正中で受ける。

相手の右腕に体重をかけながら、右足、左足の順に前に出て、相手が自ら崩れる位置に導く。

▼軸足と対角の腕を使う

移動と同時に足裏に息を足の裏などに吹きかけるようにし、重心を下げていきます。

重心が同じ高さにあると、横での押し合いになってしまいます。高い重心が低い重心に引き込まれると要素が加わると、より力の要らない技ができるようになります。

人間の構造上、右手を強く使うときは、左足に重心が乗っていることが求められる。

これは意外と知られていないのですが、右手を使う場合、重心は左足になければなりません。人間の構造上、使用する手と重心を置く足は対角になることを知らない人は意外と多く、右手を使う場合でも右足に重心を置いている人をよく見ます。例外はあるかも知れませんが、一つの大きな原理原則です。

▽正面打ちに対する一本捕り（裏）

裏は相手の背後に転身しながら技をかけます。このとき、相手の腕に自分の体重を乗せながら転身することが必要となります。綱引きのように相手の腕を引いてはいけません。体重を乗せる方向が、表の場合は斜め前方であるのに対し、裏の場合は横から手前前方となります。手や腕の使い方は表とほぼ同じになります。相手を崩したい方向に指を向けるようにしてください。

意識する場所は膝です。前の股関節を広げるように、膝を前に出します。

そして自分のヘソ・手・鼻の「三点セット」が同時に動くようにしてください。

この技で注意して欲しいのは、転身する際は、回転の中心を自分の中に入れないことです。技をかける側は自分の背面方向に転身しますので、つい自分の身体を中心に回転してしまいがちです。すると、自分を中心に相手を振り回すような動きになってしまします。ハンマー投げのハンマーを振り回すように遠心力を使ったほうが力強く投げられそうに感じる人もいるかもしれませんが、相手には下方に向かう重さがかからない分、倒れないように耐えやすくなります。

（正面打ち）一本捕り（裏）

相手の正面打ちを自分
の正中で受ける。

相手の右腕に体重を
乗せながら、転身。

丸く回るように、腕
を引いて、相手が自
ら倒れる位置に導く。

▼「先入観」と「自分で倒れる位置」

一本捕りの表でも表でも、相手はこちらの頭部に向けて手刀を振り下ろしてくるシチュエーションです。それに対して、こちらはその場で受けずに、前に出て受けます。これは相手の手刀が最大に加速される（＝威力も高まる）前にこれを制してしまうための動きですが、同時に相手に先入観を持たせる動きでもあります。

つまり、手刀を打ちに行ったところに、その目標物（こちらの頭部）が近づいてくることで途中で止まれなくなる効果も狙っています。

また、手刀を振り下ろす動きは、身体を屈曲させる動きなので、その動きを加速してやることで、相手は頭から前方にのめり込んでいくことになります。あとは、技をかける側が、相手の頭を「自分で倒れる位置」へと導いてやれば、相手は体勢を立て直せずに倒れざるをえなくなります。

表も裏も、最終的に相手の両足の間に頭が落ちてきていることに注目してください。

▽一本捕り（相手を引き込む場合）

一本捕りの裏の稽古としては、相手の首に後ろから腕を回して、引き込むようにする方法があります。

先に紹介した正面打ちに対しての一本捕り（裏）のように、相手の腕だけを接点に崩すよりも、相手の頭を直接、操作したほうが簡単になります。転身とともに相手の右腕を引き込み、相手の首に回した左腕で頭を自分の両足の間に導きます。

相手の首に回した左腕の操作があることで投げやすくなりますが、この左腕で投げているわけでなないので注意してください。

転身する際には、回転の中心を身体の中に入れずに、ヘソ、手、鼻の三点セットが同時に動くように注意し行ってください。三点セットが一つでもずれると捻れが生じ、腕力になってしまいます。

（手首捕り）一本捕り（相手を引き込む）

左足を出すと同時に、相手の
首の後ろに左手を回す。

脇を締めた状態で、鼻、ヘソ、手の三点セットが同時に動くように転身。相手が自ら倒れる位置に導く。

◆逆腕捕り

▽逆腕捕り（立合）

逆腕捕りも、一本捕りの裏と同じことが言えます。逆腕捕りは手首関節や、肘関節の極めが加わりますが、関節を極めることで投げるわけではありません。

姿勢は床に垂直の状態を維持しながら進みます。前に倒れたり、後ろに反り返ったりしてはその先はありません。腰と肚に同等の圧をかけ、第一の軸をしっかりと維持してください。

肩甲骨は開いた状態を維持します。腕を広げた角度は90度を超えてはいけません。それ以上開くと肩甲骨が閉じてしまい腕力になってしまいます。

また、この技だけではありませんが、「脇を締める」ことを指導された人が多いことでしょう。しかし、技の動き自体は、相手の肘を極める側の脇が開きやすい動きです。ですので、「脇を締める」ことの意味が分からずに混乱してしまう練習者もいることでしょう。

すでに述べたことですが、「脇を締める」とは、肘を肋骨にぴったりと付けることではなくて、「脇を肩を前に出して、肩甲骨を骨盤方向に下げ、手のひら側に肘の骨を置くことです。

軸で言えば、第二、三の軸を作ることで脇が締まるのです。動きの中で軸を作るので、簡単なようで、結構難しいようです。

逆腕捕りでは、相手の上腕を持ち、相手の肘を頭に押しつけるようにして相手の重心を操作します。ここから転身して、相手を前方に崩して投げます。

このとき、腕を上下左右に振っていけません。また、相手の頭に押しつけた肘を、真っ直ぐに引いてしまうと相手の軸を崩すことができません。重要なことは「腕は伸ばして使う」ことです。

さらに、技をかける人の手に無駄な力が入っていると、技のタイミングが読まれてしまい、簡単には崩れてはくれません。力まずに第二、三の軸を通して、腰の力を手に伝えましょう。

また、転身する際には身体の中に回転の軸を入れずに、相手の頭が両足の間に落ちるように導いてください。自分が移動しようとする目的地、あるいは相手を崩そうとする方向に指先を向けることで相手の重心を導きやすくなります。

逆腕捕り（立合）

相手が右手でこちらの肩（あるいは胸襟）を掴んでくる。

右手で相手の手首を上から掴む。

左足を相手の右足の横に移し、右足を後ろに回して転身。同時に左手を下から相手の肘を掴む。

転身しながら、丸く捌いて、相手が
自分から崩れる位置に導く。

▽逆腕捕り（居捕）

逆腕捕りの基本型は胸襟を取られた状態からのスタートですが、胸襟を取られる前に相手の手首を取る方法もあります。

武道としては、こちらのほうが実践的で現実的です。なぜなら、相手に胸襟を握られるということは、すなわち相手の攻撃が成功しているとも言えるからです。相手の掴んできた手が、たとえば打撃や武器による攻撃だったなら、こちらは大きなダメージを受けているところです。

ですので、胸襟を取られる前に反応できることが実践的であると言えるのです。取られるにしても、掴みに来る動きに合わせてわずかに前に出る、あるいはわずかに間合いを開けることで、掴んだ瞬間には相手を崩し始めていなければならないのです。つまり、先入観を与えるわけです。

先入観を与える方法としてもう1つ例を挙げます。相手がこちらの身体のどこかを掴もうとしていることを察知して、こちらから手を差し出す方法です。相手に「掴ませる」ことで、攻撃を限定してしまうことができます。

ここでは、正座で相手と正対した状態から技を行う、居捕りで説明します。居捕りで難しいのは、立っているときよりも運足をしにくいところで、より姿勢が大切になります。

まず相手がこちらの身体や衣服を掴もうとします。これに対して、右手を差し出して、相手の攻撃を限定します。掴まれた瞬間に、合気挙げの要領で右手を挙げます。本来の合気挙げと違って、左膝を立て、右足を出しながらの動きなので挙げやすいはずです。左膝を立てて、右足を出す動作は、仙骨を締める力で行えると予備動作なく行えます。

続いて、右手で相手の右手首を搦め、左手で相手の右上腕を取ります。そして、相手の右肘を頭に押しつけるようにして、相手の体勢を崩します。このとき、上体が前のめりになりやすいので注意してください。前のめりになると強く押せている気になりますが、軸が失われてしまっているので相手に与える圧力は逆に減少しています。

居捕りから足を出すと、後ろに反り返る人もいるので、これも軸が失われています。上体が垂直に立つように、必ず第一の軸を意識してください。

相手を倒す際は、一本捕りと同様に、相手を倒す方向に自分の指が向くようします。自分指が向くということは、第三の軸に含まれる「人差し指へのライン」の延長上に力を働かせるということであり、力が流れる方向に従った自然な動きを生み出します。

腕逆捕（居捕）

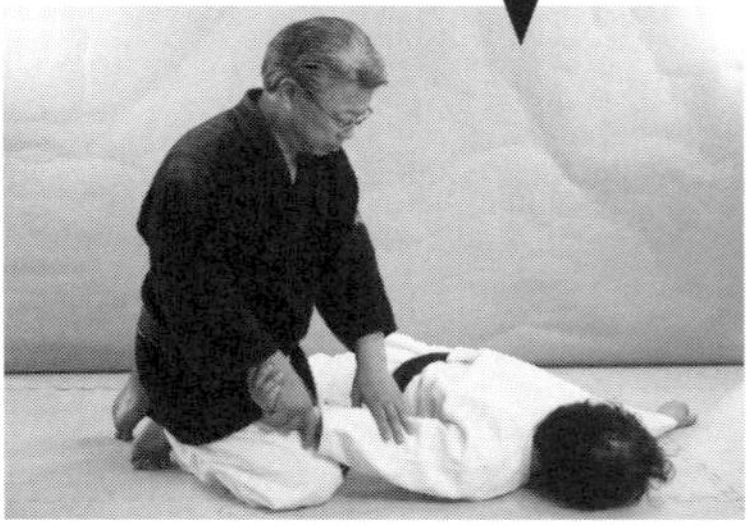

相手が右手で、こちらの右手首を掴んで来る。
こちらは右足を前に出しながら、右手を挙げ、同時に左手で相手の右肘を掴む。
相手の右腕を極めながら、右斜め前に重心を移動させて、相手を制する。

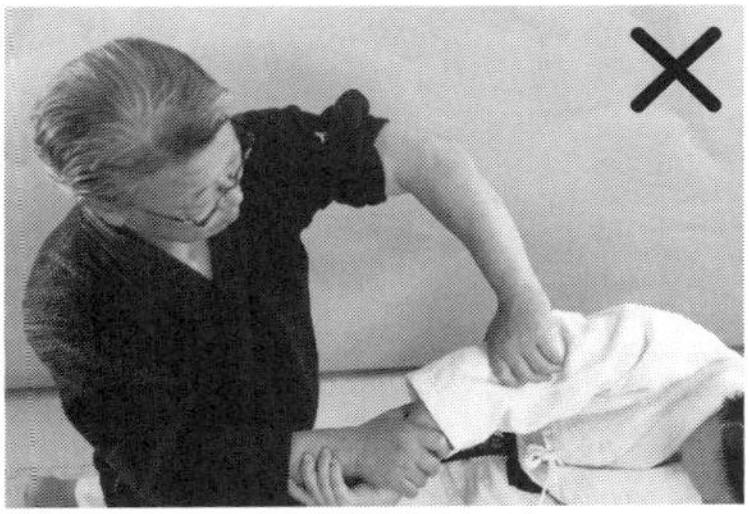

指先が崩そうとする方向とは違う方向を向いている。
また、肘が横になっているため腕の動きが横振りになる。

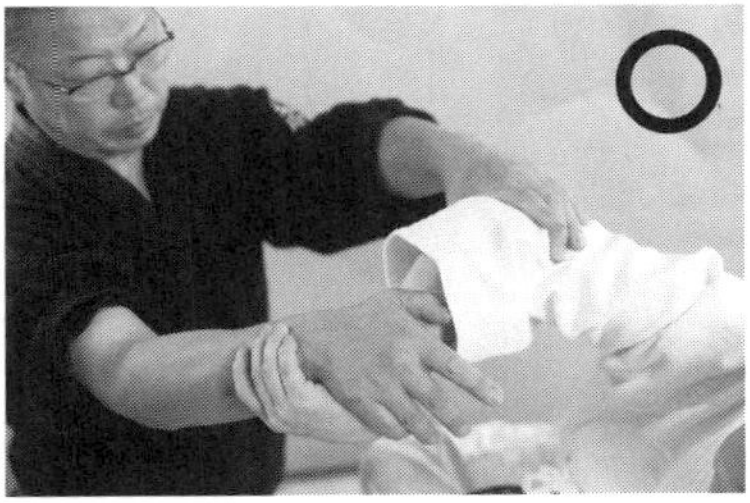

指先は相手を崩す方向へ向ける。
また、肘の骨が下向きになり、脇が締まっている。

前傾になっている

後ろに反り返っている

◆小手返し

▽中段突きに対する小手返し

基本的な小手返しは、相手の手首を極め、足捌きを使って倒すというものです。前腕の回外と、肩関節の外旋によって腕全体が捻れるように極まり、その捻れが波及して全身が捻れて体勢が崩れ、足捌きと体捌きによって相手を投げます。

小手返しには、手刀による正面打ちや横面打ちを受けて始めるものなど、複数のパターンがありますが、一番分かりやすいと思われる中段突きに対する小手返しを例に説明します。

まず相手が、こちらの腹部に向かって拳を突き出そうとします。それに対して、こちらはわずかに前に出ることで先入観を利用して、相手が前に突っ込んでくるように誘います。

ここで腰を引いて突きを躱そうとしてしまうと、軸が崩れてしまいます。すると、突きを取りづらくなりますし、突きを取れたとしても相手を十分に崩すことができずに、相手に次の攻撃を許してしまいます。相手が右拳で突いてきたとすれば、左拳は空いていますし、蹴りも可能です。

相手が右拳を突き込んでくるのに対して、こちらは軸を作った状態で左足に重心を移しながら身体を右に向けます。このとき、左手で相手の右手首あたりを上から包み込むように受け、右手で下から添えます。つまり、相手の右拳を上下から包むように取ります。

次に、取った相手の右腕を、自分の右から左へと回しながら小手を返していきます。ここで気を付けなければならないのは、相手の腕を掴んでいる手に力を入れないことです。強く握って振り回してしまうと、腕力になってしまい、相手に耐えるきっかけを与えてしまいます。手で振り回すのではなく、転身する動きと手の動きを同時に行い、手、ヘソ、鼻の三点セットが同時に動かします。すると、相手の腰まで捻れが伝わり、体勢を戻せなくなります。あとは、相手の腕に重さを乗せて、相手が前のめりになって自分から倒れ込もうとする位置に導いてやるだけで倒れます。

転身する際に、足、腰、肩、手の順にうねるように投げたほうが勢いが付きそうな気がしますが、下半身と上半身が別々に動くことになるので、ここに隙が生まれます。この隙に相手は体勢を整えるか、悪くすれば逆転の一手を許す可能性すらあるのです。

（中段突き）小手返し

相手が右拳でこちらの腹部を突き込んでくる。こちらは左足に重心を移しながら、身体を右に開き、同時に相手の拳を左手で上から掴み、右手で下から掴む。

重心を右足に移しながら、左足を後ろに回して転身。同時に相手の右手を外旋させて、腕を極める。あとは相手が自分から倒れる位置に導くだけで投げられる。

▽軸を使う小手返し

小手返しの応用技を紹介します。手首を極めるだけで、相手の体幹を制御してしまう方法です。

相手の手首を取り、いったん肩まで挙げ、相手の手首を90度に極めながら下ろします。動作や形は単純なものですが、これだけで相手の中心を攻めます。

相手の手首に自分の体重を乗せることは簡単でも、相手の肩や体幹など、より相手の中心に体重を乗せることは難しいことです。

手首を極めて下ろすとき、重心を落とし、その力を第二、三の軸を通して相手の腰に伝えて、相手の高い位置にある重心を引き込むようにします。

軸を作って身体のブレをなくし、腰や肩、肘などの遊びをなくすことで、正しく体重を乗せるのです。この練習をすると、力の伝達が上手になります。

軸を使う小手返し

相手の手首を取り、いったん肩まで挙げ、手首を90度に極めながら下ろす。こちらの体重が相手の手首を通して伝わり、肘と肩の関節が極まる。

◆四方投げ

四方投げには、相手の正面に入って行く表と、相手の背中に回り込む裏があり、本書では、表を解説します。こちからから仕掛けるところから始める動きを紹介しますが、ウケが仕掛ける場合でも、軸の使い方は同じなので、応用を利かせてください。

相手の右手首を右手で掴み、転身しながら相手の側面に入ります。身体の向きが変わるのに合わせて、相手の腕を外旋させていきます。

このとき、相手の手を強く引っ張ってしまうと、抵抗されてしまうので、手には余分な力を入れてはいけません。相手を崩そうとして、右手だけで相手の右腕を返してしまう人がいますが、相手に抵抗されれば簡単には返せません。

そこで、転身する際に、ヘソと鼻と手の三点セットを同時に動かして、軸の力で相手の右腕を返していくのです。

さらに、相手が向いているのと同じ方向に向きながら、相手の右肘を自分の左腕で下からすくうようにして、相手の腕を強く外旋させ、小指を上に向けていきます。この動きは、左腕を肩甲骨を開く力で伸ばしていくと力がよく伝わります。

この左腕の動きで、相手の肘を相手の正中の前に行くまで押し込むと、腕の捻れが肩、腰に伝わり、相手は体勢を崩します。

続いて、相手の右腕を頭上に振り上げながらさらに転身し、背中から相手の腕の下を潜ります。

潜り終えたところから、右足を引きながら、腕を振り下ろし、相手を投げます。腕を振り下ろすときは、自分の腕を伸ばすように意識します。伸ばすことで、相手の腕にテコの原理が働くのです。

四方投げは、最初の向きから360度転身します。転身している最中は、第一の軸が床に対し、垂直のままで移動しなければなりません。最後に投げるときは、腰を引くのではなく、前に出ながら上体を倒します。

（仕掛け）四方投げ（表）

相手の手首を掴み、左足を前に出しながら、相手の右腕を外旋させる。相手の右肘を、こちらの左腕で転がすように押し込む。

別角度：相手の肘を相手
の正中線まで入れる。

右足を後ろに回して転身。
同時に腕を振り上げる。

腕を肩甲骨から伸ばす。
テコの原理を利用できる。

右足をさげたあと、左足を前に出す。

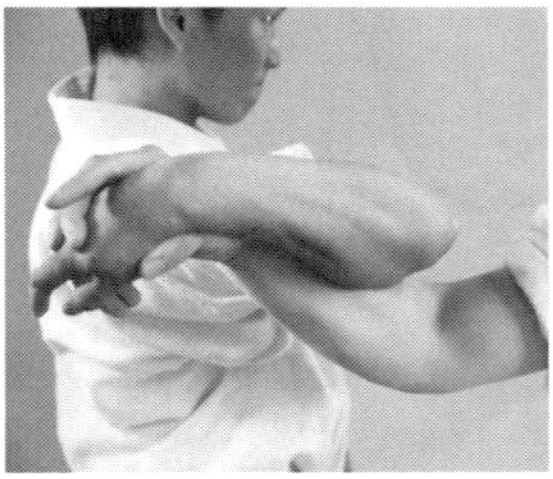

手首の決め方の拡大写真

腰を引いて投げるのではなく、
全身で前に出ながら投げること。

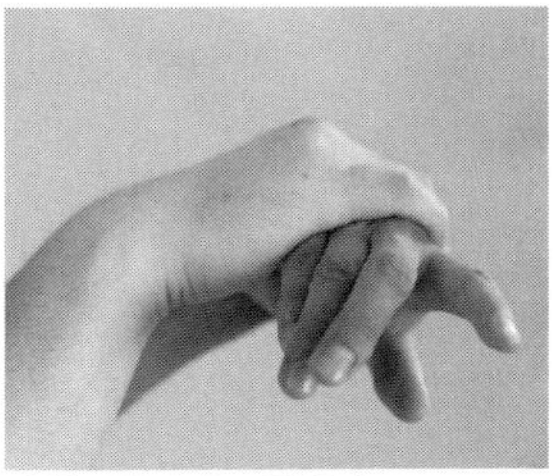

手首の決め方の別角度

◆四ヵ条（崩し）

四ヵ条は、相手の手首を掴み、自分の体重を乗せて相手を崩し、投げる技です。本書では、崩しのみに焦点を当てて説明します。

この四ヵ条の崩しは、相手に痛みを与えて行うものと思われがちですが、むしろ痛みや圧を感じさせずに、膝から崩せることが重要です。

このときに行うのは、軸トレで行った「落とし」です。頭頂から後ろ足の膝まで1本の軸にして、床に突き刺すように後ろ脚の膝を瞬間的に曲げます。前に出した脚を軸脚にして、落としをしようとする人が多いので注意が必要です。

下方への体重移動によって生じる力を、第二、第三の軸を通して、相手の手首に伝えます。この動作を「抜く」とも言います。最初、相手に体重を乗せるときには、息を足裏に吹きかけるように重心を落とすとよいでしょう。慣れてくると、さほど呼吸を意識しなくともできるようになります。

正確な技がかかっているかどうかの目安は、崩したときに相手の腰が曲がっているか、膝が曲がっているか、の違いで分かります。膝から崩れるほうが正しく崩れた状態です。

四ヵ条の崩し

腰から崩れている悪い例

膝から崩れている良い例

▼重さを一点に乗せる

どうして膝から崩れるのでしょうか？　いろいろな説明ができると思いますが、「先入観」という観点から説明してみましょう。

人が荷物を持ち上げようとするとき、見た目と経験値でどのくらいの重さなのかを判断し、その重さに適した姿勢で、丁度良い筋力を出そうと用意します。ところが、見た目以上に荷物が重かった場合、それを持ち上げられないことになります。反対に、見た目よりも荷物が軽かった場合、急に荷物が上がり、ときには勢い余って尻餅をつくことになります。同じように、手に持っている荷物が急に重くなると、それを支えられずに体勢を崩します。

これも先入観による崩れの一例です。

四ヶ条の場合、手首に急激に重さが加わることになります。手を前に差し出した状態なので、その手首に重さがかかると、前に倒れそうになります。

このとき、相手が反応できないタイミングで重さがかかると、膝がガクンと折れて前のめりになります。ところが、相手が反応できるタイミングでは、反射的に腰を後ろの引いて耐えようとしてしまいます。これが崩れかたの違いであると推測できます。

技をかける側としては、一瞬で相手の手首に重さを伝えないといけません。必要な意識としては、まず第一の軸です。上半身の軸と下半身の軸を繋ぐ腰力がないと、上半身と下半身の重さが分散されてしまいますので、とても重要なポイントです。

また、腰を捻ることもいけません。股関節の左右どちらか一方でも後ろへさがると、その分だけ体重が逃げてしまいます。

技をかける側が、体重を相手に伝える瞬間に、腰を引いたり、捻ったりしてしまう人が多くいます。そのような身体の使い方を普段しないので、無意識のうちにバランスを取ろうとしてしまうのだと思われます。

大切なことは両肩、両股関節、両膝がすべて同じ方向へ一致させることです。

同時に自分の重心を下げなければなりません。息を足の裏に吹きかけるように落としていきます。

肩や腕に力みが入ると、重心が上がってしまうので注意が必要です。肩甲骨をさげる意識を忘れずにしてください。

▼一点に重さを乗せるための手首の使い方

四ヵ条は、手のひらが相手との接点です。とはいえ、握る力や手首を返す力だけでは、人を動かすことはできません。相手に体重を乗せる際の、手の使い方は、皆さんが苦労する部分なので解説します。

ポイントしては、人差し指の根元の小さな点で相手に体重を乗せることです。手のひら全体で相手に体重をかけても、この技の効果は薄くなります。

軸トレで紹介した「軸を強化する腕立て伏せ」では、人差し指の中手骨のエリアに体重を乗せることをお話ししました。このときにも説明したように、四ヶ条でも第三の軸の前腕を通って人差し指にまで伝わるライン「人差し指へのライン」を意識するのです。

また、写真を見ても分かるように、人差し指は手

体重を乗せる人差し指の付け根の一点

人差し指の指骨と中手骨の関節を触ってみると、中手骨の骨頭が盛り上がっている。この一点に体重を集中させたい。

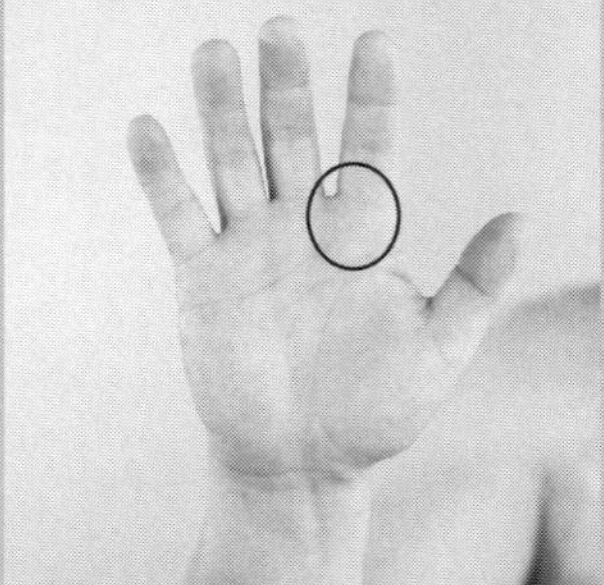

四ヵ条の崩し

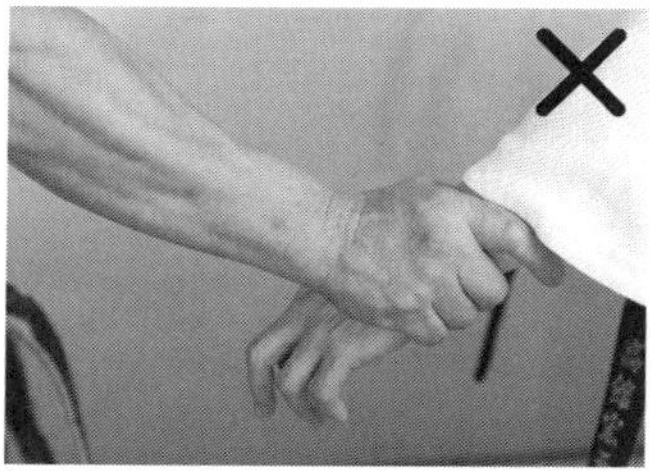

この写真のように手首を持つと、遊びができてしまい体重を乗せきることができなくなる。

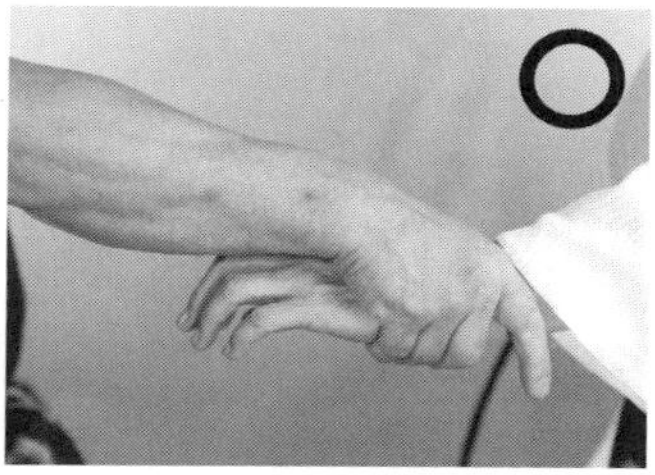

この写真のように手首を下げるように固定する。

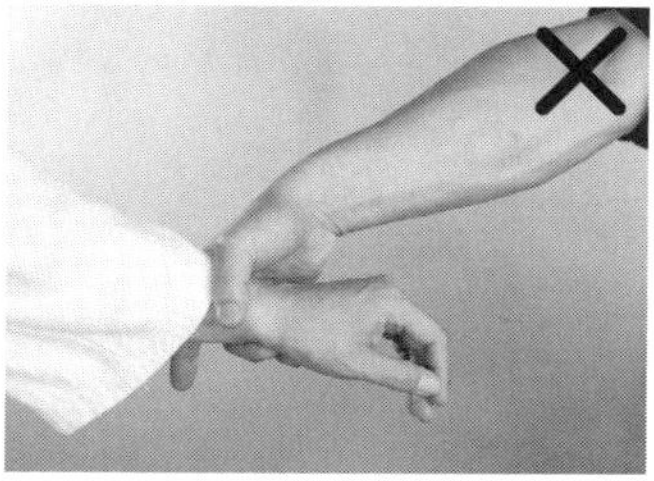

手のひらと相手の手首の間に隙間ができやすいので注意。

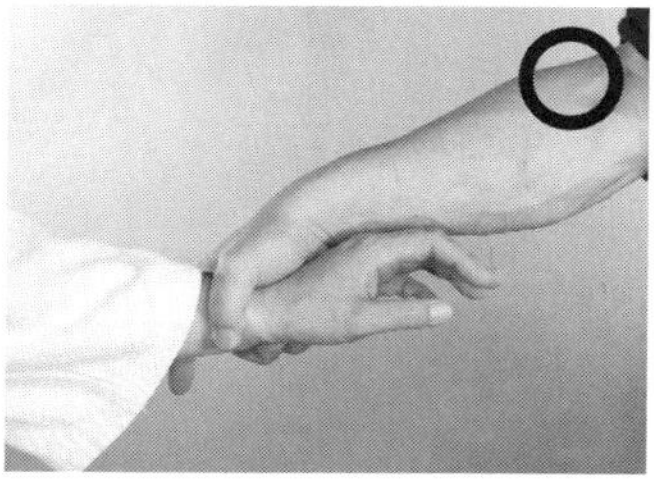

自分の手と相手の手の甲との隙間ができないように、小指で相手の手首を持ち上げる。
初めは力を必要とするが、慣れると添えるだけでできるようになる。

首を掴んではいません。一方で小指は締めて、相手の手首を持ち上げるようにします。

この手の使い方は、日本刀を持つときと同じです。人差し指で握ると強く握れるような気がしますが、刀が自由に操れなくなります。剣道や弓道でも小指を締めるように教わるはずです。

合気道では、人差し指で握ってしまうと、たちまち力みが出て、相手にこちらの動きを悟られてしまいます。小指を締めて握ることで、力まずに強く握ることができるのです。これは他の技でも共通することです。

▼肘を先行させる

四ヶ条で相手に強い痛みを与えずに崩す方法について、もう1つポイントを挙げておきます。それが「肘を先行させる」ということです。

体重を相手の手首に乗せるというと、相手の手にぶら下がるようなイメージがありますが、そうではなくて相手の肘を曲げるように力を加えます。その肘が先行して動き、膝が曲がって、重心が相手のつま先に集まるように崩します。

ここまで崩れてしまえば、相手は抵抗できないので、あとは投げるだけです。

肘を先行させる

相手の肘を曲げるように力を加える。

相手に体重を伝え、相手の重心が足のつま先に集まるように操作する。

◆襟引き落とし

次に紹介する「襟引き落とし」も、自分の体重を腕を通して相手に乗せ、その重みで倒す技です。腕の力で相手を引き倒そうとしても絶対に無理です。４本の軸を作り、自分の体重を効率よく相手に伝えなければなりません。

注意点としては、腕の力で引き倒そうとすると、相手はその力に反応し倒れなくなることです。相手の襟を掴んだ状態で肘を相手の胸につけるようにリラックスさせてください。肘を張った状態では自分の体重を乗せることはできません。

襟を掴む手は、人差し指で強く握るのではなく、小指を中心に握ることで、無駄に力むことなく強く握ることができます。

相手の体重を落とそうとする目標は、相手のつま先のやや前方外側です。４本の軸を作って、重さを伝えるのですが、とくに第二の軸を意識して肩甲骨を下ろすようにしてください。「脇を締める」と意識してもよいのですが、間違って肩が上がってしまうとか、無駄に力んでしまうことがあるので、注意が必要です。最初は、肩を前に出して、肩甲骨を下ろし、肘を締めるというポイントを確認しながら行い、正しく脇を締める感覚を養ってください。

落とす瞬間に、息を足裏に吐くように重心を落とします。このとき、両股関節は後ろへさげてはいけません。この技は、相手を真下ではなく、斜めに崩し、倒すことになるのですが、腰を捻らないようにしなければなりません。腰を捻る力では相手は倒れてくれません。

そこで、鼻、ヘソ、手の三点セットを揃えたまま、回転します。回転する角度はわずかですが、やはり回転の中心を身体の中に入れてはいけません。

腕力で襟を引き下げると、相手は反射的に腰を引いてバランスを取ります。体重が相手に伝わっていると、膝から崩れていきます。

上手く体重が伝えられるようになると、勢いを付けずとも、ゆっくりとでもできるはずです。写真で見てもほとんど上下動していないように見えますが、つねに相手に重さがかけられています。相手にとっては自分の重心が操作されているのに逃げるきっかけが得られず、重心が足先に集まったころには逃げられなくなっています。

この技は、体重を伝える感覚を養うのに適しているので、毎日の基礎稽古のように何度も練習するとよいでしょう。

襟引き落とし

相手の肩に体重を伝えたまま、徐々に相手の重心がつま先に掛かるようにコントロールしていく。写真の白丸位置に落としていくイメージを持つ。

こちらの肘が伸びきっていると、重さは伝えられない。

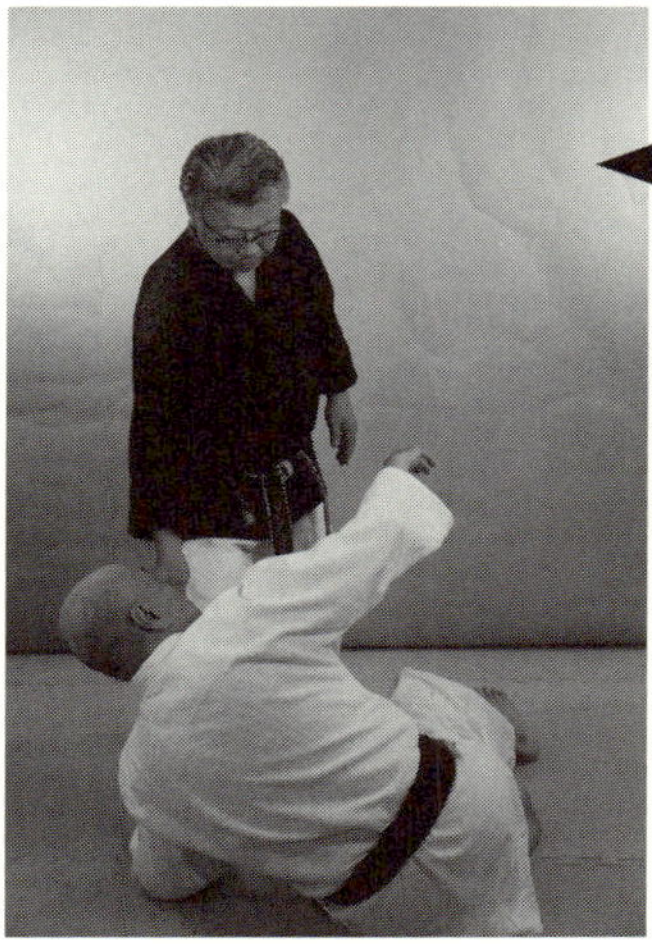

こちらの体重が上手く伝わっていると、相手は抵抗できずにしゃがみ込んでしまう。
あとは、相手が自分から倒れる位置に導くだけで投げられる。

◆裏落とし

片手で相手の腕や袖を取り、一方の腕を取った腕の脇に差込み、その腕を返すことで相手を倒す技です。

相手の腕を取り、引き寄せると同時に取った腕の脇に腕を差し込みます。下半身は車倒しと同じように仙骨を締め、肛門の締める力を利用して前に出るように意識してください。もちろん、第一の軸から第四の軸まで総動員します。呼吸で重心を下げていきます。

重心を下げると自ずと相手はその重心に引きずられるように倒れます。腕で倒そうとすると相手の身体はその力に反応してしまいます。すべての技にいえることですが相手との接点に力を入れてはいけません。触れているところは「柔」、四本の軸は「剛」としてください。軸を「剛」にするときは、相手の脇に腕を差し込み、肩で相手に自分の体重を乗せる瞬間です。この時、股関節を捻ったり尻を後ろへさげては、体重を相手に乗せることはできません。自分ではしてないつもりでも鏡を見ると気がつくことがあるので、ぜひ鏡を見たり、誰かに見てもらったりしてください。

▼腕の使い方

腕の使い方について説明します。初めは手のひらを天に向けて伸ばします。腕で吊り上げようとしたり、振り回そうとしないでください。ただ天に向かい腕を伸ばそうとしてください。胸を張る力で伸ばすのです。

このとき、肩の前固定を忘れないように。肩の前固定をしなければ、第一の軸から第二の軸へ力と体重の伝達をスムーズにできなくなります。この肩の前固定ができなければ、掴んだ相手の腕に体重を乗せることもできませんし、90度の角度で腕を保持しなければならないという理合いも守ることもできません。

肩で相手に体重を乗せるときは、肩を縦に回す要領です。よくボクサーが入場するとき、肩をグルグルまわしているイメージです。

裏落とし

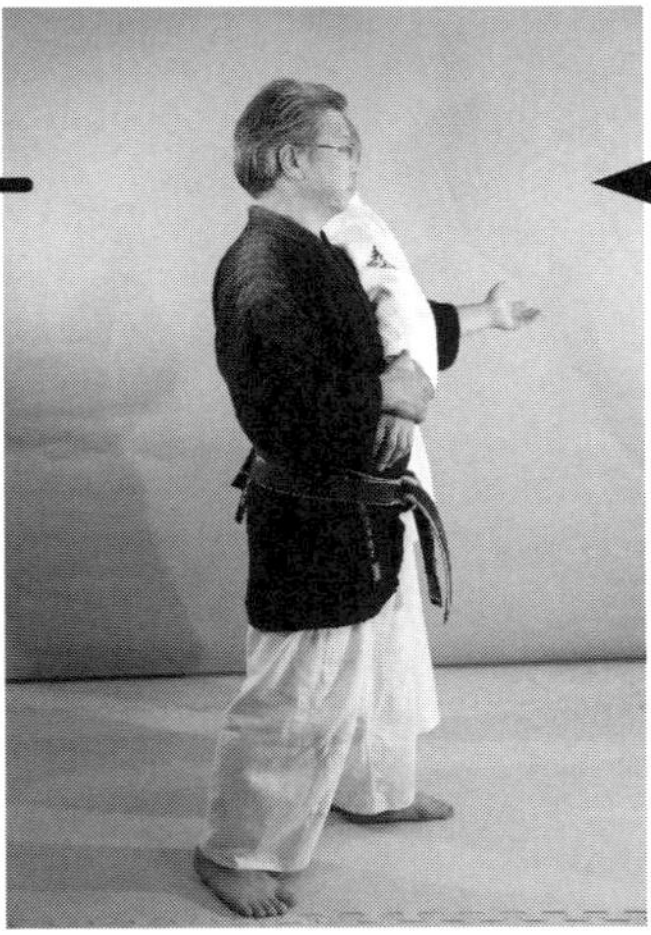

腕を胸を張る力で天に向かって伸ばす。手のひらは上を向いている。肩甲骨は開いたままにすること。

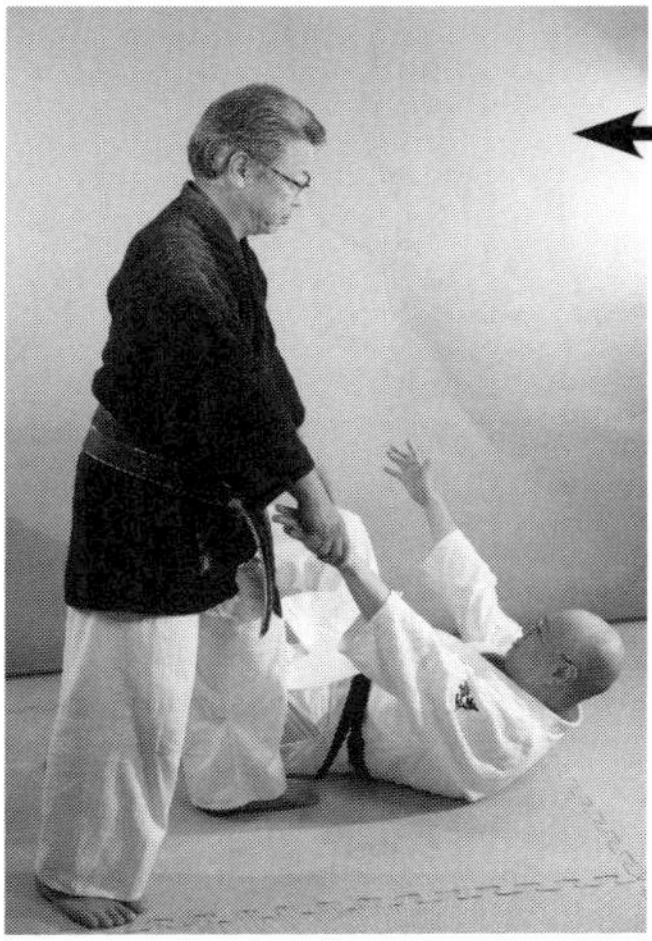

自分の手のひらを肩で返すように、腕全体を内旋させる。すると肩が縦に回り、その上を相手の脇が転がる。

▼座って落とす裏落とし

正座をする動きを利用して裏落としをかける方法です。

正座をすると言っても、ここにも軸の意識がなければ、この技はかかりません。特に、第一の軸を維持したまま、身体を沈ませていくことが大切です。普段、立った状態から正座になるときに、軸の意識がある人はあまりいません。背中を反ってお尻を後ろに出したり、背中を丸めて前のめりになったりと、軸のない姿勢で座る人が多いです。合気道でも空手でも、正座になるシーンはありますが、正座になる瞬間に隙だらけになるというのはいただけません。武道家であれば、常に隙のない立ち居振る舞いを身に付けたいものです。

この技で使うのは、正座をする動きそのものではありませんが、原理は同じです。ポイントとしては、腰を後ろに引くのではなく、仙骨を締めたまま、膝を前に出すことです。すると、膝から上が垂直に近くなり、相手に伝わる力がより重くなります。

その重さを伝えたまま、腕を肩から内旋させて、肩を縦に回します。

前述の裏落としは小さな動きで技をかけていますが、重さを相手に伝える感覚を養うには、この技はよい稽古になります。

座って落とす裏落とし

正座になるときにも、第一の軸を維持したまま身体を沈めること。

背中を反ったり、前のめりになったりと、姿勢が崩れてしまうと、この技はかからない。

◆車倒し

片手で相手の腕や袖をとり、もう一方の手・前腕・肩などで相手を倒す技です。ここでは前腕を使った倒し方を説明します。

この技も、相手に体重を伝える練習として重要な要素が含まれていますので、私の道場では基礎稽古の一つとして取り入れています。

相手の正面に立って片腕を取り、もう一方の前腕を相手の胸部に当て、押し倒すのですが、腕の力で相手を押し倒そうとしても無理です。

仙骨を締め、骨盤を前に進める力、言い方を変えると「腹から前に出る力」を、相手に触れている前腕を通して相手に預けるのです。このとき、4本の軸を作り、総動員して前進する必要があります。

もちろん始めから重心は下げるのですが、相手に触れている前腕に体重が乗る瞬間に、膝を抜いてさらに落としてください。

車倒し

仙骨を締めたまま、重心をわずかに前に出して、相手を後方に崩す。
相手の肩をボールに見立てて、前腕で転がすイメージを持つ。
脱力した腕から相手の肩に体重が伝わることで、相手は膝から崩れ、仰向けに倒れる。

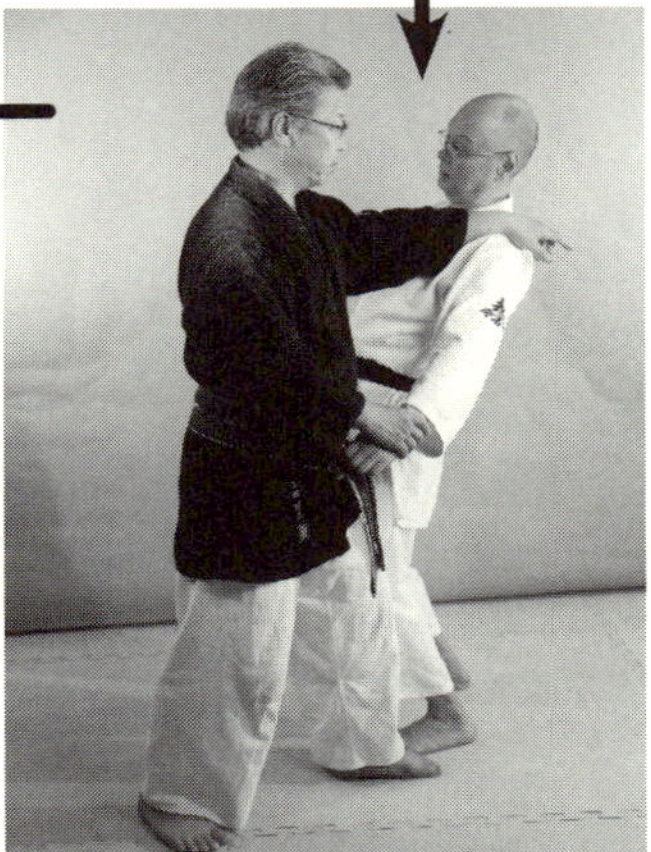

▼前腕に力を入れない

この技は、決して相手に触れている前腕に力を入れてはいけません。相手はその力に反応してしまうからです。

力を入れずに前腕を通じて前進する力を相手の肩に伝えるのですが、このとき、相手の肩をバスケットボール大のボールに見立てて、そのボールを前腕で転がすようなイメージで相手の肩に力を加えます。

すると、相手は反り返るように崩れます。さらに、体重を加えていくと肩の回転が膝まで届いて、相手は膝から崩れます。

こうしたイメージについては、今から倒れるではなく、すでに倒れている姿をイメージしてください。人は考えているよりも、そのイメージを実現しようと自然に身体が動くものです。イメージ実現能力を作る稽古にもなりますので、ぜひ実行してみてください。

車倒しのポイント

ボールをイメージする

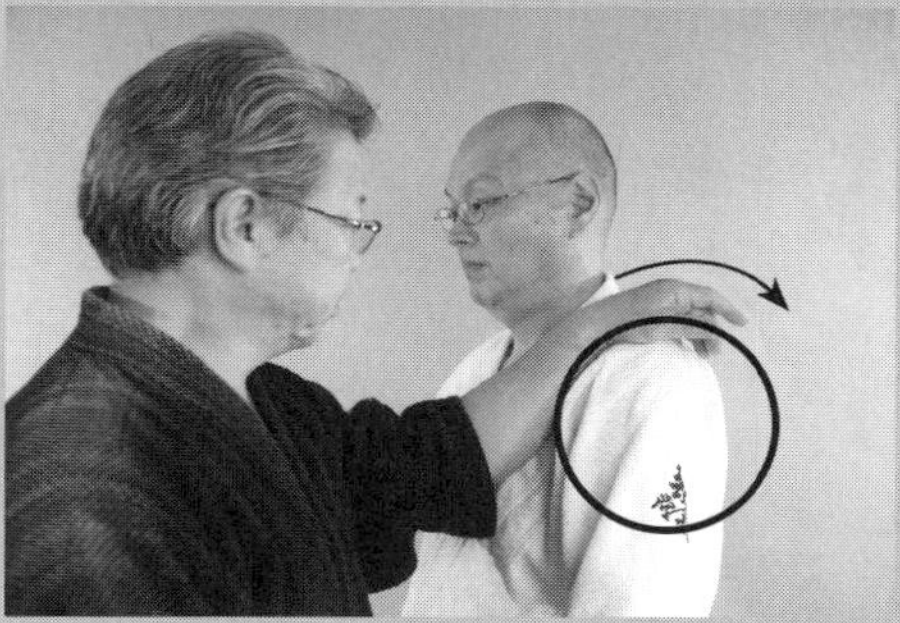

肩甲骨を開き、下におろす

◆首落とし（入身投げ）

相手が攻撃をしてきたところを捌いて、相手の首に腕をかけて自分の股に引き入れるように体勢を崩し、起き上がろうとする反動を利用して反り上がらせて倒す技です。

本書では相手の手を引き込む形で説明しますが、相手が突きや正面打ちで来た場合でも原理は同じなので応用してください。

さて、先ほどは相手の首に腕をかけて引き寄せると簡単に書きましたが、普通に相手の首を自分に引き寄せようとしても簡単には崩れてはくれません。相手の首にかけた腕の使い方にポイントがあります。

重要なポイントの一つは、腕に力みがないこと。二つ目は「脇が開いているように見えて、実は締まっている」ということ。そして、鼻、ヘソ、手の三点セットが同時に動いていることです。

腕は相手との接点なので、ここが力んでいると相手に抵抗されてしまいます。また、手のひらが肘と同じ側にあり、肩甲骨が下がっていることで、腕は体幹にしっかり固定された状態になります。つまり、第二、三の軸が働いている状態です。そして、相手を崩すのは腕を内に振る力ではなく、身体が向きを変える際の回転の力です。腕は引き付けるのではなく、肩甲骨から伸ばす意識を忘れないでください。

相手の頭を自分の股に引き入れるときには、相手の首に回した手の親指で導くようにすると、スムーズにできるでしょう。

相手を前のめりに崩した後、今度は相手の頭部を反対の腕で下から上へ撫でるようにして相手の身体を起こすのですが、このときの腕の使い方も引き込んだときの意識と同じです。

第二、三の軸で腕が体幹に固定されていて、身体の向きを変える際の回転の力で、腕が回るのです。もちろん、力みがあってはいけません。

そして反り上がるように崩れた相手を、さらに頭を撫でるように、あるいはボールを転がすようにして下へ導いていくと、相手は仰向けに倒れます。つまり、真下に落とすのではなく、わずかに弧を描いて腕が動きます。

上に崩すときの相手の首は斜め45度の方向が崩しやすく、相手を倒すときは相手の踵に向かって自分の腕（もっとピンポイントに表現すれば小指）を伸ばすようにイメージするとよいでしょう。

首落とし（入り身投げ）

左腕で相手の頭部を、こちらの股に引き込むようにする。
親指で導くようにするとよい。

相手の重心はいったん左足の小指あたりに乗ったあと、両足のつま先へと移動する。
相手は踏ん張ることができずに、引き込まれる。

身体の向きを変える力で相手を投げるが、腕から軸が消えてしまう、あるいは腕を力んでしまうと、相手に抵抗するきっかけを与えてしまうので注意すること。

別角度：腕を肩甲骨から伸ばして、上に腕を刷り上げる。

▼首落としの練習

前半の左腕で引き込むことをせずに、後半の右腕の使い方だけでも技が成立するので、後半の動きを抽出して練習してみましょう。

写真を見ると力尽くのようにも見えますが、力尽くでかけても抵抗されるだけで、写真のように膝から崩れることはありません。首に負担をかけやすいので、力尽くでかけないようにしてください。

首落とし

脱力した右腕で、相手の頭部をボールのように転がす。上手くできると相手は膝から崩れる。
転がす方向は斜め45度で、相手の右足の踵に重心が集まるようにし、右足で支えられる位置を越えると、相手は仰向けに倒れる。

◆切り返し

相手の腕を取って引き寄せながら、自分も一歩前に出て、もう一方の手で相手の頭部を斜め崩し、腕を伸ばして倒す技です。

これができるようになると私の言う「腕を伸ばす」という意味が理解できると思います。相手に触れている手が脱力していて、軸で倒せた場合、相手の頭や顔にはほとんど圧はかかりません。相手にとっては、なぜ倒れたのか理解できない状態になります。

この技でも、相手の膝から崩れる姿をイメージしてください。実際に膝から崩れなければ、それは失敗です。全身の軸を作り、意識は背中で腕を伸ばすようにすること。伸ばすと同時に体重の移動をすること、重心を下げることを忘れずに行ってください。

この技のポイントは、手・ヘソ・鼻の三点セットが同時に動くことです。三点セットの一箇所でもズレてしまうと技にはなりません。

この技で間違えがちなのは、腕を外に振るような動きでは技をかけようとすることです。また、相手を倒す腕を外に開こうとして、反対側の肩を後ろにさげてしまうのも間違いです。

それでは三点セットがバラバラになってしまいます。

見た目には、相手の手を左手で引き付け、右手で首を曲げることで相手を崩しているように見えるかもしれません。しかし、その場合、相手は首の筋肉や腹筋で抵抗してしまい、膝は崩れません。

腕が脱力したまま、4本の軸で崩した場合、首や腹の筋肉が反応する前に、頭部が足で支えられる範囲を超えて後ろに行ってしまい、力を入れるきっかけを失った脚も力が抜けてしまうのだろうと推測できます。

なお、この技も前出の「首落とし」と同様に、力尽くで行うと首に負担をかけやすいものです。上手く相手が崩せない場合は無理をせず、軸トレを繰り返して軸と脱力の感覚を養ってください。

頭部をボールに見立てて、それを前腕で転がすように崩す。転がす方向は45 度。相手の両足の踵に重心が集まるようにして崩していく。

腕は肩甲骨から伸ばすこと。右腕だけで投げようとすると、力みが出て抵抗されてしまう。
また、右腕を伸ばすときに、左肩を引いてしまうと、身体が捻れて力が逃げてしまうので注意すること。

▼切り返しを応用して、立ったまま固める

切り返しという技が上手くできるようになると、相手の頭部を脇で抱え込むことで、床に倒すことなく、立ったまま相手を固めることができます。筋力に頼っていては、相手が膝から反り返るようには崩れないので、このような形には持っていけません。

切り返しで固める

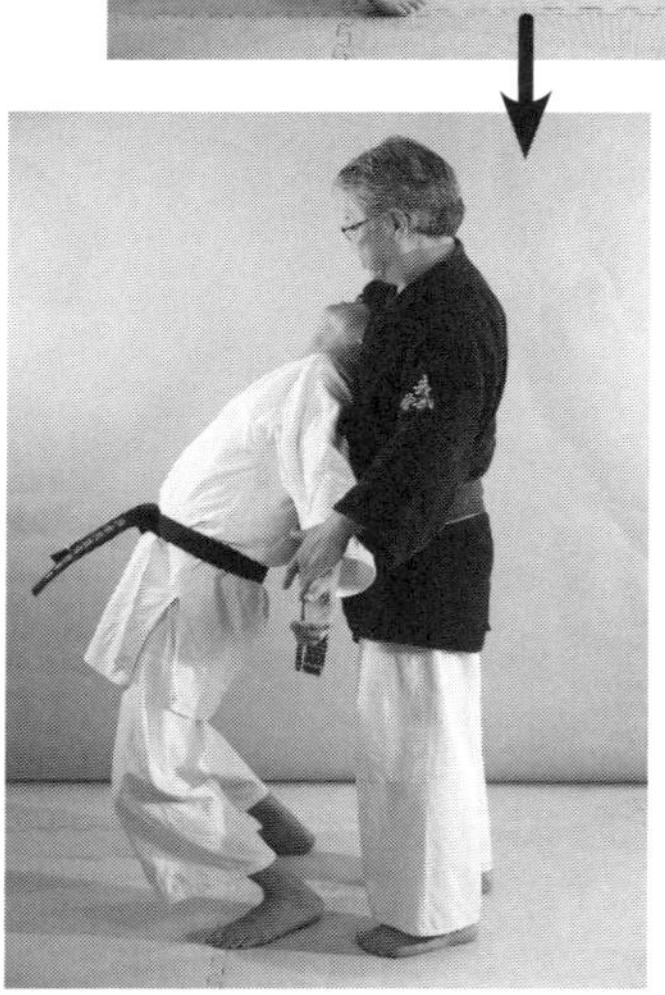

相手を後ろに崩しながら前進し、相手の背後に回り込みながら、右腕で相手の頭部を抱え込む。

◆4本の軸を使って技をかわす

合気道でも柔道でも、投げ技には崩しが必要です。また、空手のような打撃系武道でも崩しは重要で、攻防の中で相手を崩すことこそ、巧者の戦い方です。

さて、4本の軸の意識は全身の骨格を整えて、構造的に強くします。すると、無駄な力みがなくなって脱力へとつながります。居着きがなくなりますし、当然、姿勢が崩れにくくなります。

つまり、4本の軸を身に付けると、簡単に相手の技にかからなくなるのです。相手がこちらを崩せないまま技をかけてくるのであれば、その技をかわすことも難しくはありません。この節では、参考までにその例をいくつか紹介します。

ただし、技をかわす方法が分かったとしても、普段の稽古でそれを使いすぎると、相手の稽古になりません。相手の上達のためには、普段の稽古で技の受けをとるときには、わざと軸の意識を使わないことも必要でしょう。

稽古相手と互いに軸の意識が強くなれば、どちらがより軸が強いか、より深く脱力できているか、より重心が低いかを争う、高度な稽古になると考えています。

▽小手返し、四方投げ、内腕返しのかわし方

小手返し、四方投げ、内腕返しでは、相手はこちらの腕を外旋させて、肩関節を極めようとしてきます。その外旋させようと力を入れた瞬間に、腕を伸ばしてみてください。ここで言う「腕を伸ばす」というのは、第二、三の軸を作るという意味です。手の指、特に親指を腕の延長上に伸ばすという意識も同時に持つとより良いでしょう。そして、同時に重心をさげます。

これらの動作を、必ず脱力して行います。力で対抗せずに、軸を作って腕を伸ばすだけです。すると、相手はこちらの腕がコントロールできなくなります。

普通、相手が押してくればその力に対抗して押し返してしまいがちです。でも、それはよほどの力の差がない限り無理です。それに比べ腕を伸ばそうとする場合、力はさほど必要としません。

腕を伸ばすことによって、相手のコントロールから離れることができたのなら、親指をさらに腕の延長上に伸ばしながら、肘を締めると、相手の手が解けます。

小手返しのかわし方

手首を返そうとする力に対抗せずに、軸を通して脱力したまま腕を伸ばすことに集中する。
すると、相手はこちらの腕を重く感じ、コントロールできなくなる。

空いた相手の脇腹に当て身を入れる、あるいは相手の側面に回り込んで投げる、など様々な反撃方法が可能になる。

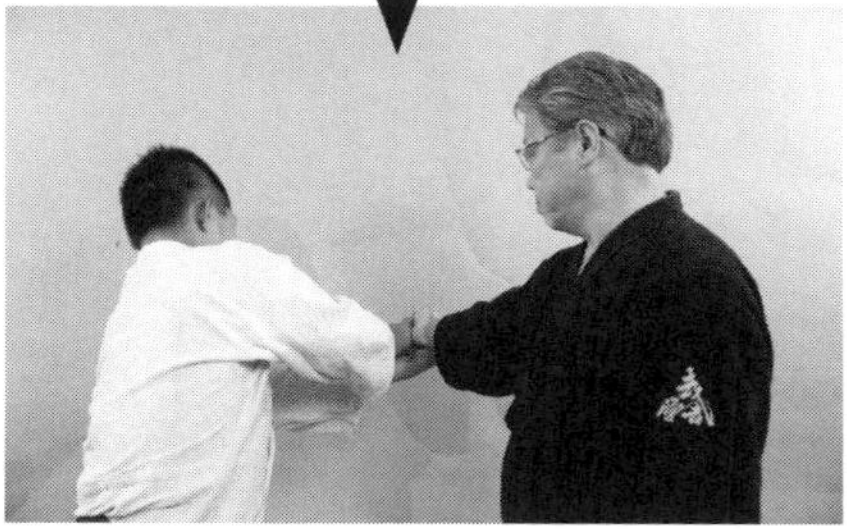

別角度：親指を伸ばしていくと、相手の手が解ける。

四方投げのかわし方

四方投げでは、強く内に捻られた腕を、背中の方へ落とすことで投げる。

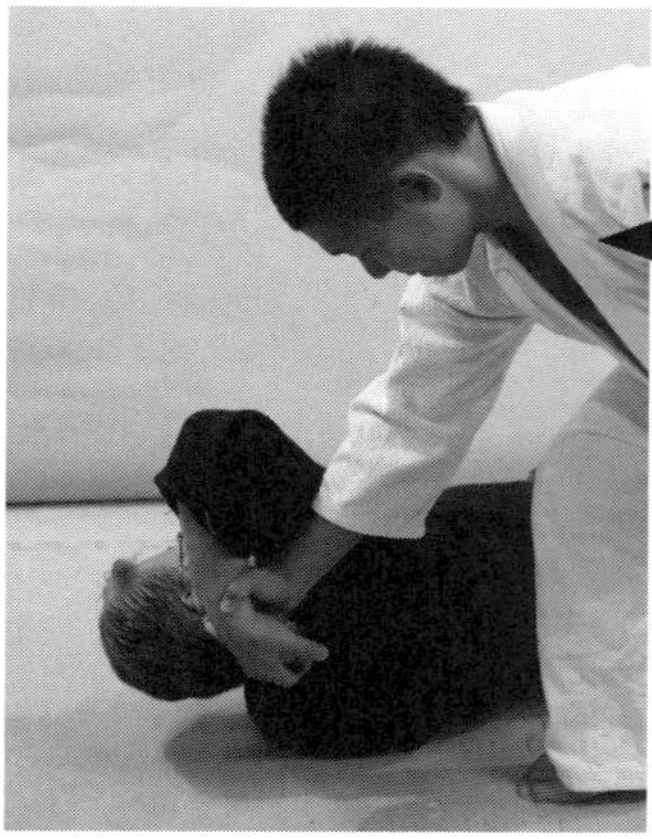

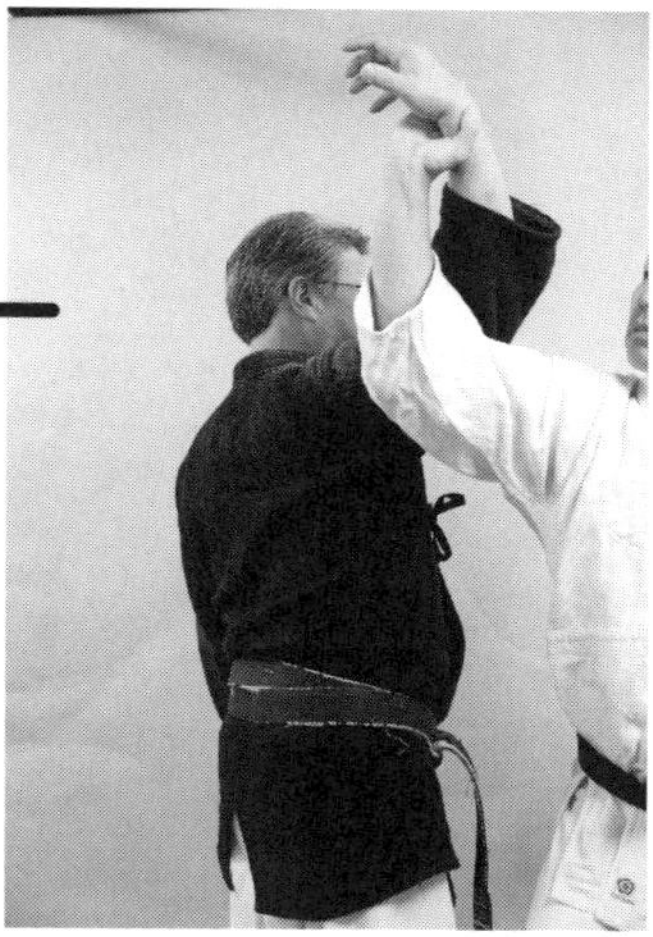

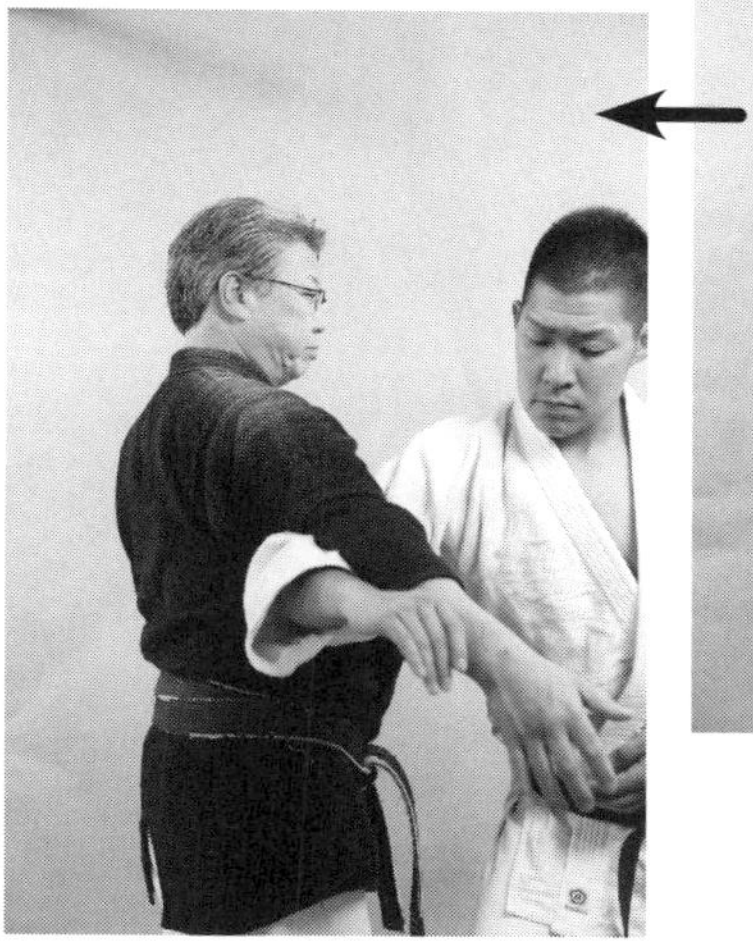

四方投げをかわすときは、自分の腕が後ろに回ってしまわないうちに、脱力したまま第二、三の軸の意識で腕を伸ばす。指先まで伸びる意識を持つとよい。
相手はこちらの腕が急に重くなり、芯が通ったように感じ、コントロールを失う。

このあと、がら空きになっている相手の背中に当て身を入れる、あるいは入り身投げの要領で右腕で相手の頭部をすり上げて投げてもよい。

内腕返しのかわし方

内腕返しは、四方投げや腕搦みのように、腕を内旋させながら、手を肩越しに挙げさせ、背中から倒す技。

内腕返しをかわすときは、小手返しや四方投げをかわすときと同様に、肩甲骨から腕を伸ばすようにする。
こちらの腕に手を搦めようとしていた相手は、急にこちらの腕が重く、芯が通ったように感じ、コントロールを失う。

あとは、がら空きになった脇腹や背中に当て身を入れる、あるいは相手の右手を取っての一本捕りをしてもよい。相手が前のめりになっているのであれば、起き上がろうとするタイミングを捉えて、入り身投げに移行してもよい。

▽裏落としのかわし方

裏落としをかけられるときに、腕力で返そうとしても、却って姿勢が崩れてしまいます。脇に下から入れられた相手の腕によって、肩が上がり、重心も上がってしまうのです。この状態から、相手が肩を縦に回すように投げをかけてくると、肩が後ろにさがり、体幹が捻れて姿勢を崩してしまうのです。

裏落としをかわすときは、取られた腕を肩から伸ばします。肩甲骨を広げ、骨盤に向けて下ろすことで、第二、三の軸が作られて、腕と体幹との結びつきが強くなります。相手には腕が重く、強くなったと感じられます。

このような効果は、この裏落としのかわし方だけに使えるものではありません。例えば、柔道では相手の腕や襟を掴んで、姿勢を崩そうとしてきます。そのときに、身体に４本の軸があるとないとでは、相手が受ける印象がまったく違います。相手の力量によっては、組み合った瞬間に「重い」と感じ、簡単に技をかけられなくなるでしょう。

ここまでに紹介した、４本の軸を使った技のかわし方はほんの一例です。読者の各々で研究をして、応用の幅を広げてみてください。

裏落としのかわし方

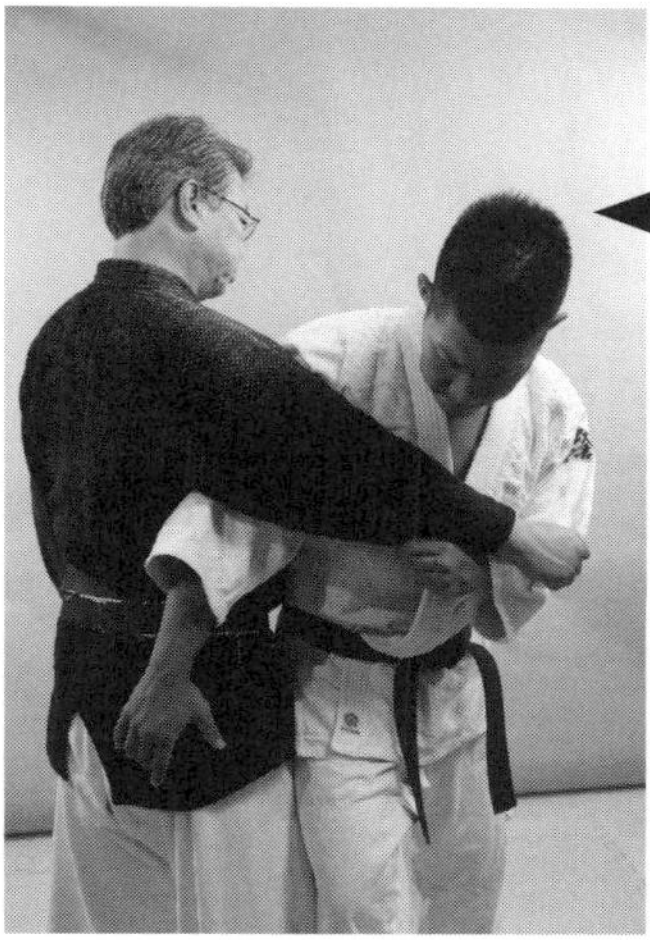

こちらの軸がしっかりしていると、相手が脇に腕を入れても重心が上がらず、体勢は崩れない。

相手が無理に投げようと力んでくるのであれば、入り身投げのように投げ返す、あるいは背後に回り込んで首を絞めてもよい。

裏落としでは、右脇の下に腕を入れることで重心を浮かせ、肩を縦に回して投げる。

▽あとがきにかえて「合気道と健康」

私が合気道をはじめ色々な武道を続けて四十数年が経過しています。そして今思うことがあります。姿勢の大切さです。武道に限らず、あらゆる作法・動き・スポーツにも共通する効率の良い身体の使い方とは何か、そして意識・重心をどのように使うのかです。

若い時はスピードとパワーに頼りがちになります。しかし年齢を重ねるごとに筋力はなくなりスピードも落ちてきます。もちろん大切な視力も四十歳を境に極端に落ちます。

筋力は持続力・瞬発力のためにも年齢を問わず必要ですが、加齢とともに質に違いが出てきます。簡単にいうと柔軟性とバネがなくなってしまいます。

それを補うのが姿勢の力であり、身体の操作方法です。もちろん若いときからそれらを意識できれば言う事はありません。

こうした変化は、「正しい力」「合理的な力」を求める過程であることに気がつきます。さらに正しい姿勢を作ることは健康に直結するということにも気がつきます。

達人と言われている人は皆長寿です。勿論、時代に流されウネリのなかで命を落とした人もいるでしょうが、その人たちを除けば長寿をもたらしたのは姿勢ではないかと思うのです。

例えば、リンパ節のところを常に伸ばしていなければならない、猫背になってはいけない。首の位置も身体の正しい位置に乗っていなければならない。他にも肩の位置、腰の角度、股関節の角度や膝の角度など、筋肉に余計な硬直が起きないようにしなければならないなど、様々です。

事実、私はデイサービスを経営し、高齢者の身体を改善しようと日々奮闘しておりますが、姿勢を整えるように教えるだけで、呼吸や歩行をはじめ、手の痛みや脚の痺れなど様々な症状が改善することがあります。今後、それらについてまとめた書籍も出したいと思っています。

我々がただ人を倒すために武道を稽古するのではなく、同時に健康をも手に入れることができると信じることができれば、より一層稽古に身が入るように思えます。ぜひ、健康をも視野に入れ、稽古を続けて欲しいと思います。

なお、日本武道学舎で検索すると動画での配信もしておりますので、興味のある方はぜひご覧ください。ただし、気になるほどの金額ではありませんが、有料となっておりますので悪しからず。

著者◎吉田始史　Motofumi Yoshida

幼少より空手や剣道、合気武道を学び、また看護師として医療・生理学にも精通し、効率の良い身体の使い方を研究。その集大成を独自の理論「運動基礎理論」としてまとめ、自ら主宰する「日本武道学舎」にて子どもから大人まで、幅広く指導している。現在、「デイサービスがまの穂」を立ち上げ、地域のお年寄りの健康維持に貢献している。主な著書に『仙骨姿勢講座』『コツでできる! 合気道』『7つの意識だけで身につく強い体幹』（いずれもBABジャパン）、他多数。

◎日本武道学舎　http://nihonbudogakusya.com/
◎デイサービス がまの穂　http://gamanoho.com/

編集協力＆本文デザイン ● 近藤友暁
写真撮影 ● 太田恵超
本文イラスト ● k.k.- さん
装丁デザイン ● 梅村昇史

「4つの軸」で強い武術!
合気道で証明!　意識するだけで使える技に

2016年10月30日　初版第1刷発行

著　者　吉田始史
発行者　東口敏郎
発行所　株式会社BABジャパン
〒151-0073 東京都渋谷区笹塚1-30-11 中村ビル
TEL　03-3469-0135　FAX　03-3469-0162
URL　http://www.bab.co.jp/
E-mail　shop@bab.co.jp
郵便振替 00140-7-116767
印刷・製本　株式会社暁印刷

ISBN978-4-8142-0016-0 C2075